打铁还需自身硬

今天如何做一名共产党员

曾峻 朱亮高 等◎著

上海人民出版社

不忘初心　追求崇高

何毅亭　中共中央党校常务副校长

习近平总书记在全国党校工作会议上强调："我们干事业不能忘本忘祖、忘记初心。"共产党员不忘初心，很重要的就是时刻不忘自己党员的身份，时刻不忘入党时庄严许下的誓言。在全党开展"两学一做"学习教育，从一定意义上也可以说就是要通过"学"与"做"，激活共产党员的初心，努力做讲政治、有信念，讲规矩、有纪律，讲道德、有品行，讲奉献、有作为的合格党员，在决战决胜全面建成小康社会中充分发挥先锋模范作用。

不忘初心意味着责任如山。共产党员有哪些责任？入党誓词里讲得很清楚，那就是"拥护党的纲领，遵守党的章程，履行党员义务，执行党的决定，严守党的纪律，保守党的秘密"。这六个方面的责任重如泰山，对任何一个方面态度暧昧、不去执行，都谈不上合格党员。现实中确实存在忘记党员责任的现象。有的理想信念动摇、政治纪律涣散，有的口无遮拦、乱评妄议党的大政方针，有的堂而皇之散布谬论，有的当面一套、背后一套，有的吃里扒外、"吃饭砸锅"，等等。这样的党员，忘记了党员的责任，没有了党员的责任，就好比马儿没了缰绳，也就没有了顾忌，就会由着性子来，很容易干出损害党的形象、损害人民利益的事情。近年来，许多落马官员在忏悔中都说"忘记了入党誓词""忘记了党员责任"，这其实就是"种瓜得瓜、种豆得豆"，恰恰印证了那句古训："靡不有初，鲜克有终。"作为共产党员，一定要努力做到心中有党、心中有民、心中有责、心中有戒，为党和人民的事业竭尽全力。

不忘初心意味着担当如铁。古人云："大事难事看担当。""一人做事一人当"是普通百姓的担当，"国家兴亡，匹夫有责"是仁人志士的担当。对共产党人而言，最大的担当莫过于为实现党的政治纲领和奋斗目标终生苦干实干。我们党是秉持共产主义理想的马克思主义政党，正如恩格斯指出的："一个知道自己的目的，也知道怎样达到这个目的的政党，一个真正想达到这个目的并且具有达到这个目的所必不可缺的顽强精神的政党——这样的政党将是不可战胜的。"中国共产党就是这样的政党。作为这个政党的党员，就应该有铁一般的担当。有了这样的担当，站位就高，眼界就宽，心胸就开阔，内心就强大，就能练就共产党人的"金刚不坏之身"，做到在胜利和顺境时不骄傲不急躁，在困难和逆境时不消沉不动摇，能够经受住各种风险和困难考验，能够抵御住各种腐朽思想的侵蚀。习近平总书记指出："没有远大理想，不是合格的共产党员；离开现实工作而空谈远大理想，也不是合格的共产党员。"当代中国共产党人，现实要干的就是紧密联系党的历史和今天党所处的历史方位、承担的历史使命，联系党的理论发展，深入思考、身体力行，积极作为、敢于担当，把协调推进"四个全面"战略布局和创新、协调、绿色、开放、共享的新发展理念落实到各个领域、落实到各自岗位中，把每一项工作都往实里抓、往深里推、往细里做，用实干彰显共产党人的人格力量。每一个共产党员都有这样的担当，拥有8700多万党员的中国共产党必将带领13亿中国人民乘风破浪，无往而不胜。

不忘初心意味着奉献如常。奉献也叫牺牲。入党誓词中有"随时准备为党和人民牺牲一切"的话，强调的就是奉献精神。中国共产党具有最讲奉献、最能牺牲的政治品格，领导新民主主义革命28年所付出的牺牲世所罕见。仅大革命失败后的一年时间里，全国就有30多万共产党员和革命群众被杀害。从抗日战争到解放战争，全国牺牲的有名可查的共产党员就有370万。今天，我们党领导改革开放和社会主义现代化事业，仍然需要共产党员作出牺牲、作出奉献。理想唯其远大，需要牺牲眼前；事业唯其为公，需要牺牲"小我"。从焦裕禄"心中装着全体人民、唯独没有他自己"，到谷文昌"不带私心搞革命，一心一意为人民"，到杨善洲"干革命要干到脚直眼闭"，这些都是奉献精神、牺牲精神的真实写照。和平时期，共产党员的牺牲或奉献更多地表现在日常、平常、经常，凸显在关键时、危难处，有人概括为"平常时候看得出来、关键时刻站得出来、危急关头豁得出来"。作为共产党员，就应该按照"看得出来、站得出来、豁得出来"的要求去做，就应该做到克己奉公、奉献如常。

党校因党而立、因党而兴，是培养领导干部和执政骨干的主渠道，是党的思想理论建设的主阵地。上海市委党校在推动"两学一做"学习教育中积极发挥作用，组织中青年骨干教师对中央要求进行深入学习研究，有的放矢、鞭辟入里，写出《打铁还需自身硬》一书。这本书的核心思想是：只有把党章要求、党纪规范、使命担当、理想信念内化于心，外化于行，唤醒身份意识，从我做起、从身边做起、从现在做起，方能守住合格的底线，瞄准优秀的高线，培养造就铁一般信仰、铁一般信念、铁一般纪律、铁一般担当的党员干部队伍。这是作者们对新时期党员队伍建设的理性思考，既符合党章规定的党员标准，又符合党员队伍的现实情况，富有针对性和指导性。我围绕"不忘初心"写了以上这些话，作为自己参加"两学一做"学习教育的粗浅认识，与这本书的作者和广大党员交流。

祝愿这本书唤起更多党员的"初心"。

2016 年 5 月

目录

全党同志要强化党的意识，把党放在心中最高位置，牢记自己第一身份是共产党员，第一职责是为党工作，做到忠诚于组织，任何时候都与党同心同德。

把第一身份意识"强"起来
把第一身份要求"严"起来
把第一身份牌子"亮"出来
何以忘了"我是谁"
唤醒沉睡的身份意识

04 始终守住党纪党规的基本底线　105

只要能守住做人、处事、用权、交友的底线，就能守住党和人民交给自己的政治责任，守住自己的政治生命线，守住正确的人生价值观。

05 不断追求共产党人的崇高境界

我们共产党人讲奉献，就要有一颗为党为人民矢志奋斗的心，有了这颗心，就会"痛并快乐着"，再怎么艰苦也是美的，再怎么付出也是甜的，就不会患得患失。

仅仅守住底线还不够
拒绝"崇高"？
"大公无私"过时了吗？
要修身还要齐家
加强修养永远在路上

06 迈开践行党员标准的整齐步伐

"知"是基础、是前提，"行"是重点、是关键，党员干部必须以知促行、以行促知，做到知行合一。

一个古老话语的当代昭示
言行不一极具杀伤力
从我做起，从身边做起，从现在做起

打铁还需自身硬

时光荏苒，光阴如梭。中国共产党已经走过95年历程。

95年里中国共产党带领全体中华儿女完成革命、建设、改革三件大事。三件大事实现"两个不可逆转"：不可逆转地结束了近代以后中国内忧外患、积贫积弱的悲惨命运，不可逆转地开启了中华民族不断发展壮大、走向伟大复兴的历史进程。

我们自豪。经过三十多年的努力，中国的综合国力实现了跨越式提升。今天，我们前所未有地靠近世界舞台中心，前所未有地接近实现中华民族伟大复兴的目标，前所未有地具有实现这个目标的能力和信心。

1978 年至 2011 年，中国经济延续长达 33 年高速增长，年均增幅 9.9%，用几十年时间走完了发达国家几百年走过的发展历程，创造出"世界奇迹"。

2006 年，中国外汇储备规模超过日本，位居全球第一。

2009 年，中国 GDP 世界排名超过日本，成为世界第二大经济体。

2010 年，中国人均 GDP 超过 4000 美元，步入中等收入国家行列。同年，我国制造业规模超过美国，居世界第一。

2012 年，中国的贸易总额首次超过美国，居世界第一。同年，中国居民出境旅游人数达到 8300 万，成为世界第一大出境旅游市场；境外消费总额达到 1020 亿美元，成为世界第一大出境旅游消费国。

在经济领域以外，我们同样取得诸多举世瞩目的成就。

无数人在思考中国模式的内涵，无数人企图破解中国成功的密码。各种报告、解读、答案都指向一个共同点：中国共产党是中国创造奇迹不可或缺甚至是最关键的变量。这是一个善于学习、不断进取的党，这是一个有理想有抱负、矢志民族复兴的党，这是一个团结统一、富有战斗力的党。正是拥有这样的党，中国才能一次次化解风险，走出一个个急流险滩，从胜利走向胜利。

这是伟大事业与伟大工程共同作用的结果。推进中国特色社会主义是伟大事业，加强执政党自身建设是伟大工程。中国共产党统筹伟大事业和伟大工程，并使二者相互促进、联动发展，这是最大的、最高层次的"两手抓、两手都要硬"。

伟大事业形象地讲是"打铁"，加强执政党建设形象地讲是"自身硬"。"打铁还需自身硬"，也就是说，执政党只有把自己建设好，才能担当领导伟大事业的重任。然而，党不是抽象的存在，党是由全体党员和各种组织构成的整体。"打铁还需自身硬"，实际上是对全体党员和党的各级组织提出的要求、发出的号令。

面对三十多年的成就，我们依然清醒。

党的十八大报告强调了"三个没有变"：我国仍处于并将长期处于社会主义初级阶段的基本国情没有变，人民日益增长的物质文化需要同落后的社会生产之间的矛盾这一社会主要矛盾没有变，我国是世界最大发展中国家的国际地位没有变。

党的十八大报告列举了前行路上的困难和问题：发展

中不平衡、不协调、不可持续问题依然突出，科技创新能力不强，产业结构不合理，农业基础依然薄弱，资源环境约束加剧，制约科学发展的体制机制障碍较多，深化改革开放和转变经济发展方式任务艰巨；城乡区域发展差距和居民收入分配差距依然较大；社会矛盾明显增多，教育、就业、社会保障、医疗、住房、生态环境、食品药品安全、安全生产、社会治安、执法司法等关系群众切身利益的问题较多，部分群众生活比较困难；一些领域存在道德失范、诚信缺失现象……

党的十八大报告写下了一段话："发展中国特色社会主义是一项长期的艰巨的历史任务，必须准备进行具有许多新的历史特点的伟大斗争。"这是习近平主持报告起草工作时明确主张写进去的。

新的历史特点，新在我们需要解决的大多是"疑难杂症"，大多是两难多难课题，而且它们盘根错节，必须有足够的勇气和智慧才能破解。

新的历史特点，新在人民有了更多更高的期盼和需求。在温饱问题基本解决后，人们渴望高品质的产品和服务，渴望优美的环境、洁净的空气、安全的食品，渴望更好的就业、教育和医疗。

新的历史特点，新在中国与世界已经深度地融合在一起，起初更多的单向作用转变为更多的双向互动，而世界同样正经历着深刻的变革。政治多极化、经济全球化、社会信息化、文化多元化，大势所趋。新一轮科技革命箭在弦上，即将引发新的产业革命、社会变革。

新的历史特点，新在时代给中国提出了新的任务。从大国走向强国，在站起来、富起来之后要进一步强起来，在解决挨打、挨饿问题后还要解决"挨骂"问题。

在进行具有许多新的历史特点的伟大斗争中要取得决定性胜利，必须加强执政党自身建设。

2012年11月15日，新当选的中央政治局常委集体亮相。习近平总书记没有讳言我们的问题："新形势下，我们党面临着许多严峻挑战，党内存在着许多亟待解决的问题。尤其是一些党员干部中发生的贪污腐败、脱离群众、形式主义、官僚主义等问题，必须下大气力解决。"习近平要求全党必须警醒起来，做到打铁还需自身硬。他郑重宣布："我们的责任，就是同全党同志一道，坚持党要管党、从严治党，切实解决自身存在的突出问题，切实改进工作作风，密切联系群众，使我们党始终成为中国特色社会主义事业的坚强领导核心。"

党的十八大闭幕已有三年多。三年多来，以习近平同志为核心的党中央励精图治，开拓创新，一系列新理念新思想新战略相继推出，我们正在进行具有许多新的历史特点的伟大斗争。

实现中华民族伟大复兴中国梦，集中表达了中华民族共同的心声，展示了海内外同胞的共同愿景。

全面建成小康社会、全面深化改革、全面依法治国、全面从严治党，"四个全面"战略布局确立了新的历史条件下党和国家各项工作的战略目标和战略举措，是我们党在新形势下治国理政的总方略，是事关党和国家长远发展的总战略。

创新、协调、绿色、开放、共享，五大发展理念回应经济新常态的要求，成为引领经济、政治、文化、社会、生态文明五位一体建设的新航标。

确立新时期强军目标，政治建军、改革强军、依法治军、从严治军，锻造维护国家安全的钢铁长城。

"一带一路"、人民币"入篮"、打造人类命运共同体、完善国际治理体系，中国领导人在国际舞台上频频亮相。

蓝图已经绘就，战略已经推出，发令枪已经响起，新的征程已经开启。此时，"打铁还需自身硬"问题显得空前重要。

2015年12月，在全国党校工作会议上，习近平讲了一段语重心长的话："现在，我们进入了全面建成小康社会的决胜阶段，我们党正在进行具有许多新的历史特点的伟大斗争，形势环境变化之快、改革发展稳定任务之重、矛盾风险挑战之多、对我们党治国理政考验之大都是前所未有的。我们党要团结带领全国各族人民抓住机遇、战胜挑战，把'四个全面'战略布局落到实处，把创新、协调、绿色、开放、共享的发展理念落到实处，实现第一个百年奋斗目标、全面建成小康社会，进而实现第二个百年奋斗目标、实现中华民族伟大复兴的中国梦，关键在于培养造就一支具有铁一般信仰、铁一般信念、铁一般纪律、铁一般担当的干部队伍。"

干部需要有铁一般信仰、铁一般信念、铁一般纪律、铁一般担当，所有党员都需要有铁一般信仰、铁一般信念、铁一般纪律、铁一般担当。"四个铁一般"揭示了"自身硬"的具体内涵。

正如中国已经成为一个大国，中国共产党也已经成为一个大党。八千多万党员，如果按照比例算，占中国人口的6％。如果按照一个国家算，它将组成个大国，人口超过德国、英国、法国，在世界上可排第 13 位。

然而，人多不一定力量大。八千多万党员如果不合格，可能意味着一个成立 95 年、执政 67 年的超级大党自身治理的难度系数越来越高。

一些党员身上的某些现象似乎印证了这一点。党的执政地位及其掌握的巨大资源，可能使少数人的入党动机从一开始就发生了"异化"，困难之处在于，即使用最先进的仪器设备和心理学手段也很难鉴别一个人的动机。社会流动、经济和社会组织的多样化、就业形式的多样化，众多党员游离于过去基于单位制建构起来的党组织体系。市场化、世俗化大潮下，有的党员习惯了斤斤计较，习惯了讨价还价，习惯了"自由自在"，甚至习惯了损公肥私，理想、信念、使命不谈了，或者谈得少了，甚或受到嘲弄。面对改革发展的挑战与困难，各种"杂音""噪音""说法"纷纷出笼，在互联网、微博、微信助推下，有的党员迷惑了、迷茫了、迷失了，轻者失声失语、奉行"沉默是金"，重者在大是大非问题上信口开河……

所以，我们讲党面临着执政考验、改革开放考验、市场经济考验、外部环境考验，实际上讲的是每个党员面临着执政考验、改革开放考验、市场经济考验、外部环境考验；我们讲精神懈怠危险、能力不足危险、脱离群众危险、消极腐败危险更加尖锐地摆在全党面前，实际上讲的是精神懈怠危险、能力不足危险、脱离群众危险、消极腐败危险更加尖锐地摆在每个党员的面前；我们讲党面临的"赶考"远未结束，实际上讲的是每个党员正在接受和还将接受的"考试"远未结束。

有人戏言："人心散了，队伍不好带了！"然而，对于我们这样一个党来说，人心没有散，人心也不能散；队伍不好带，但仍然要带。党要战斗力，要成为坚强的领导核心，就必须从严管党治党。管党，就是管住每个党员；治党，就是要确保每个党员思想上行动上合格。

党的十八大以来，中央全面推进从严治党各项工作，顽疾整治取得阶段性成果，党风政风为之一振。党的十八届六中全会高度评价全面从严治党取得的成就。我们正在破解一个难题：作为一个超大型政党，我们如何能够持续地把规模优势转化为政治优势，把每个党员锻造成真正的先进分子？我们正在探索一条新路：在一党执政的条件下，我们能够不断地实现自我净化、自我完善、自我革新、自我提高。

确保每个党员合格，确保每个党员素质过硬，确保党始终保持先进性纯洁性，需要多管齐下、全面发力。进行学习党章党规、学习系列讲话、做合格共产党员学习教育，就是推动全面从严治党向基层延伸，进一步解决党员队伍在思想、组织、作风、纪律等方面存在问题的又一重大举措。

我们以为，新形势下做合格共产党员必须强化"六种意识"。

一是身份意识。作为处于社会网络中的人，我们每个人都有多重身份。对于党员而言，无论其他身份如何显赫——你或许是大官、大款、大Ｖ，但党员身份须臾不能忘记，也不能淡化，更不能做出有违党员身份的事情。既然举起右拳庄严地宣誓过，你就是党的人。是党的人，就要"姓党""信党"，就要在党爱党、在党言党、在党忧党、在党为党。把第一身份搞清楚，把第一身份强化起来，就在政治上解决了"我是谁"的问题。知道"我是谁"，才有可能解决"为了谁""依靠谁"的问题。

二是党章意识。党章是全党的"根本大法"，是全体党员共同遵循的根本行为规范。我们的党是个什么性质的政党？党章有界定。我们党的理论和路线方针政策有哪些？党章有表述。我们党是怎样组织起来的？党章有规定。什么样的党员才是合格的党员？什么样的党员干部才是合格的党员干部？党章有标准。党员应该遵守哪些纪律和规矩？党章也有明示。身为党员，学习党章是"入门课"，更是终身要修的"必修课"，学习党章、遵守党章、贯彻党章、维护党章应当贯穿于各项工作始终，体现在一言一行、一举一动上。

三是使命意识。中国共产党从其诞生之日起，即以建设社会主义、进而实现共产主义为己任，即以实现中华民族伟大复兴为己任。这种理想和追求，曾经激励过无数共产党员。今天，中国又到了发展转型的关键"窗口期"。每个党员只有系统深入学习习近平总书记系列重要讲话，只有深刻领悟党中央治国理政的新理念新思想新战略，才能找准自己的位置，才能持续激发和强大内在动力。得其大者可以兼其小。看到价值和意义，平凡之人在平凡岗位上方能有不平凡之业绩。

四是底线意识。为人处世有底线，用权干事更要有底线。对于党员特别是拥有和行使一定权力的党员来说，要守道德底线，更要守法律、党纪底线，始终把纪律、规矩挺在前面。少数党员背离党的性质和宗旨，成为阶下囚，根本原因在于突破了党纪国法的底线。作为一个先进政党，无产阶级政党对自己的党员有更多更严的要求；作为无产阶级政党的一分子，明底线、守底线是每个党员天然的义务。具体而言，就是要认真学习《中国共产党纪律处分条例》等党规党纪，全面遵守政治纪律、组织纪律、廉洁纪律、群众纪律、工作纪律和生活纪律，切实维护党规党纪的权威性、严肃性。

五是高线意识。底线不可触碰，规矩必须严守，这只是对党员的起码要求。不能因为坚守底线，就认为束缚了自己的手脚，就得过且过、消极无为。共产党员理应比一般群众做得多、做得好，党员干部理应比一般党员做得多、做得好。因为我们还处于社会主义初级阶段，在利益发生冲突、资源不够分配的时候，党员仍需"断舍离"的境界；因为我们还有更远大的目标、更艰巨的任务要完成，党员仍需准备牺牲奉献的情怀；因为我们还要感召引领广大群众，党员仍需在践行社会主义核心价值观上成为示范者。

六是行动意识。学而不行，等于没学；言行不一，不如不言。高度重视行动力建设，是党的十八大以来党中央治国理政的一个显著特征。从"空谈误国，实干兴邦"到"一分部署，九分落实"，从群众路线教育实践活动到"三严三实"专题教育活动，无不贯穿着行的取向。正在开展的"两学一做"学习教育，同样把"学"作为前提，把

"做"作为落脚点。把党章要求、党纪规范、使命意识、理想信念不仅内化于心，而且外化于行，从我做起、从身边做起、从现在做起，才能成为一名真正的党员。

实现中国梦，需要千千万万人的参与，八千多万党员更是"梦之队"的队员。滚石上山，克服各种艰难险阻，八千多万党员更需要具备铁一般信仰、铁一般信念、铁一般纪律、铁一般担当。

每个党员过硬，党才能强大，这就是中国共产党行动的逻辑，这也是中国共产党蕴涵的力量。

01

时刻牢记共产党员的第一身份

全党同志要强化党的意识，把党放在心中最高位置，牢记自己第一身份是共产党员，第一职责是为党工作，做到忠诚于组织，任何时候都与党同心同德。

一段时间以来，一名曾拥有千万微博粉丝的网络大 V，经常通过微博、讲座、报告会、座谈会等方式，毫无禁忌，公开就当代中国思想信仰问题和重大现实问题发表与众不同的"惊人见解"和"否定性话语"，或明或暗地向主流意识形态发难。尤为严重的是，这名大 V 每每以自己"优秀共产党员"，为自己这些"别出心裁"的言论张目、辩解。他的这些话语得到境内外某些媒体的炒作后，不断发酵扩散，对社会舆论和群众心理产生了极为消极的冲击和影响。人们不能不疑惑，这种根本不认同共产党的性质、信仰和宗旨，违背了党的政治纪律的人，难道就是所谓的"优秀共产党员"吗？2016 年 2 月，国家有关部门和地方有关党组织对此给予坚决的回击，不让网络空间成为法外之地，不让这个自诩"优秀党员"者口无遮拦、肆无忌惮。这起事件，给我们广大共产党员上了一课，直接拷问着每位党员，你的第一身份时刻牢记了吗？

把第一身份意识"强"起来

人在本质上是社会关系的总和，对于共产党员来说，分布在不同的工作岗位上，生活在不同的社会环境中，有着不同的职业身份或社会身份。但是，当举起手、面对党旗宣誓，志愿成为党组织的一名成员，也就是从这一刻起，不论身肩何责，身居何位，身在何方，不论处于在职还是退休状态，其第一身份都应是光荣的"共产党员"这四个大字。一个个触目惊心、让人痛心的反面案例警示我们，一些党员腐化堕落，无不是从思想"滑坡"、忘记了"我是共产党员"开始的。近年来，有的被查处的党员干部在忏悔中甚至说，自己基本上没有党的观念，从来没感觉到还有党的组织监督管理存在，甚至对自己某些表现不如普通群众也无动于衷。他们丧失了一个党员应有的品质，最终丢弃了自己的信仰，滑向罪恶的深渊。身为党员干部，竟然"没有党的观念",甚至"没感觉到还有党的组织监督管理存在",岂非咄咄怪事?这些倒下的"老虎""苍蝇"所暴露的问题,背后深藏着的则是党员意识淡化甚至丧失这一深层次问题。

身份是区别社群中个体成员的标识和称谓。身份主要是指人的出身和政治地位、社会地位。简而言之,就是"是谁,是什么样的人"。现实生活中,存在着教师、研究员、编辑、翻译、记者、作家、教练、管理人员、农民、医生、服务员、商人、学生等各种不同的身份类别。我们在各种关系中也通常被赋予了不同的身份和角色,不停扮演着诸如"父亲""母亲""爱人""领导""下属""老板""孩子""朋友"等角色。身份与责任是紧密相联的,人们在社会上因不同的社会角色而负有不同的责任。负责是对一个人承担多种角色的共通性要求。譬如作为公民,就应为自己的行为承担法律的、道德的责任。又譬如作为父母的子女,他(她)就理应有孝敬父母的责任。一旦行为主体实现了对自己特定的社会角色及其社会责任的认同,就产生了相应的"身份意识"。

《湖北日报》曾经报道,湖北省某市一个镇政府的王某某等8名党员干部为了出入境方便,隐瞒真实情况,将政治面貌填为"非党",工作单位填的是"个体户"或"无业",并将旅游费用在镇财政报销。无独有偶,最近一则关于大学生羞提党员身份的话题广受关注。他们俨然把党员身份当成趋利"避害"的工具。大学生党员毕业应聘时,为什么羞于提自己的党员身份呢?无非是担心党员身份会成为步入外企的"绊脚石"。党员身份不是工具,有利时则标榜,不利时则隐瞒。这显然不符合党员标准,应当予以处置。

共产党员是具有特殊政治观念的第一身份。每位共产党员,都曾在鲜红党旗下庄严而又神圣宣读入党誓词,以示对党的忠诚。

建党 95 年来,一代又一代中国共产党人,始终牢记这个"第一身份",用鲜血和生命夯实了共和国的不朽基石,用智慧和汗水挺起了实现中华民族伟大复兴中国梦的神圣脊梁。革命战争年代,党员身份意识突出表现在大喊一声"跟我上",冲锋在前,勇于牺牲。就像一位老将军说的:"谁是党员,谁不是党员,一眼就能看出来。作战勇敢不怕死、冲在最前面的,肯定是党员;贪生怕死的准不是党员。"社会主义建设年代,党员身份意识集中体现在吃苦在前、享乐在后,充分发挥先锋模范作用,始终保持共产党人的蓬勃朝气、浩然正气,锲而不舍,积极奋斗。周恩来、焦裕禄、杨善洲就是无数优秀共产党员的杰出代表。

20 世纪 50 年代末和 60 年代初，周恩来再三提醒身边工作人员："你们不要只记得我是总理，还要知道我是一个普通的共产党员，一个普通的劳动者。"有一次，他还明确表示："在国务活动时我是政府总理，在党内活动时我是一个普通党员，在群众活动中我是一个普通劳动者。"周总理要让人们记住的，就是他的共产党员身份。

焦裕禄 40 岁接受党的委派来到兰考，面对黄沙、灾荒和白茫茫的盐碱地，他提出："感谢党把我派到最困难的地方，越是困难的地方，越能锻炼人。"1963 年 1 月，他提出各级领导同志要带头到困难村去，甚至把县委委员会议开到风雪夜车站，以此统一班子思想，激励兰考人民抗灾斗志。焦裕禄经常开襟解怀，卷起裤腿和群众一起干活，翻地、封沙丘、种泡桐、挖河渠……他病危时用尽全身力气说，"我……没有……完成……党交给我的……任务……没有实现兰考人民的要求……"念念不忘党的工作，表现了一位伟大共产主义战士对党对人民的无限忠诚。

杨善洲 1951 年参加革命工作，从县（区）委书记到云南保山地委书记，从来没有忘记自己的党员身份，始终保持艰苦朴素本色，廉洁奉公、全心为民，甚至在生命的最后时刻，他对自己的使命依然念念不忘："我只是在尽一名党员的职责，只要活着，我就有义务和责任帮群众办实事，共产党员的身份永远不退休。""共产党员的身份永远不退休"就是一位共产党员永远牢记自己"第一身份"的充分体现。

当前，大多数党员具有较为清醒明确的党员身份意识，这是主流。广大党员队伍经得起考验，在改革开放和社会主义建设的各项工作中发挥了先锋模范作用，体现出党员的先进性。特别是在面临艰险时，许多共产党员都自觉地把党员的身份亮出来，把承诺的事情做起来，始终冲锋在前。在汶川大地震救援中，解放军某部一名共产党员被石头砸倒，同志们要把他背下去，他却大声说道："我是共产党员，决不能下战场，只要还有一口气，就要战斗到底！"

毛泽东曾经指出，共产党员不但要在组织上入党，更要在思想上入党。他说，思想上没有入党的人，根本不知道什么是无产阶级思想，什么是共产主义，什么是党。这里讲的"组织上入党"就是有了共产党员的身份，而"思想上入党"就是要有共产党员的身份意识。至于"知道什么是无产阶级思想，什么是共产主义，什么是党"，就是党员身份意识的基本内涵。把党员身份意识的内涵进一步展开，具体来说包括以下三方面：

"我是谁?"——"中国共产党党员是中国工人阶级的有共产主义觉悟的先锋战士"

这一规定，指出了党员的本质，明确了党员身份应该是什么样的人，是对党员身份意识的集中精辟的概括。这句话中的"工人阶级"说明了我们党的阶级属性，说明共产党员是工人阶级队伍中的一员。"有共产主义觉悟"说明共产党员应当有坚定的理想和信念。这些是共产党人的"魂""根"和"钙"。每位共产党员应当有共产主义的世界观、人生观、价值观；有高尚的共产主义道德情操；坚信共产主义社会一定会实现，并把实现这一目标作为自己人生的最高追求，立志为共产主义奋斗到底，同时又立足现实，推进马克思主义中国化，为实现党在社会主义初级阶段的纲领努力奋斗。"先锋战士"说明共产党人是"各国工人政党中最坚决的、始终起推动作用的部分"，他们应当勇立时代潮头，站在人民群众的前列，团结带领人民群众为实现工人阶级的历史使命而努力奋斗。

"为了谁?"——"中国共产党员必须全心全意为人民服务，不惜牺牲个人的一切，为实现共产主义奋斗终身"

这一规定深刻揭示了共产党员的宗旨和任务。这是党员身份有别于其他身份的鲜明标志。它要求每位党员必须以全心全意为人民服务为宗旨，坚持党和人民的利益高于一切的原则，以个人利益服从党和人民的利益，自觉地使个人的一切追求服从和适合于党和人民事业的需要，向党中央看齐，向党的理论和路线方针政策看齐，向党的十八大和十八届三中、四中、五中全会精神看齐，向党中央改革发展稳定、内政外交国防、治党治国治军各项决策部署看齐，带头改进作风，带头践行"三严三实"，带头提高工作水平，让我们党更加团结统一、坚强有力，凝聚起亿万人民的磅礴力量。我们应当坚守共产党人精神追求和道德情操，处理好是与非、公与私、廉与腐、俭与奢、苦与乐的关系。

"依靠谁?"——"中国共产党党员永远是劳动人民的普通一员"

除了法律和政策规定范围内的个人利益和工作职权以外，所有共产党员都不得谋求任何私利和特权。这是党员身份的价值取向和境界导向。这一规定要求每位共产党员必须树立群众观点，站稳群众立场。党员是劳动人民的普通一员，必须永远保持普通劳动者的本色，同劳动人民平等相处，同甘共苦，真心实意地为劳动人民谋利益，绝不能脱离劳动人民去搞特权、谋私利，更不允许骑在劳动人民头上作威作福。另一方面，"入了党就意味着主动放弃一部分普通公民享有的权利和自由"，包括现在生活条件好了，共产党员也不能追求私人高浪费、助推奢侈之风。党员理应在思想上、行动上提高觉悟，自我要求比一般群众更高。

把第一身份要求"严"起来

邓小平在《共产党要接受监督》一文中曾指出："共产党的领导够不够格，决定于我们党的思想和作风。"党员身份是一种纪律约束，更是一种境界追求。牢记自己的"第一身份"，决定了我们无论在什么地方，从事什么职业，为人、处事、做工作、想问题，时刻不能忘记自己是一名共产党员，不能忘记共产党员的底线；决定了我们无论在什么时候，面对怎样严峻的考验，都不能动摇自己的信仰、使命和责任，自觉维护党的威信，坚定不移地为党的事业不懈奋斗。

思想规范重领先。共产党员是第一身份，意味着共产党员的一言一行、一举一动，直接影响到党在人民群众中的形象。这必然要求党员接受组织的约束，即便在处理私生活上也不可漠视"党员身份"的影响，置身组织之外，成为所谓的"自由人"。党的十八届六中全会通过的《关于新形势下党内政治生活的若干准则》(后简称《若干准则》)明确指出：全体党员、干部特别是高级干部必须增强党的意识，时刻牢记自己第一身份是党员。任何党员都不能游离于党的组织之外，更不能凌驾于党的组织之上。每位共产党员都要严守党的纪律和规矩、模范地遵守国家法律，都要讲廉洁，清白做人、干净做事，坚持原则、以廉为荣。不搞自由主义，不能想怎么说就怎么说，想怎么干就怎么干。对于歪风邪气、错误言行不能听之任之，要敢于"亮剑"、敢于批评，坚决抵制，真正把党员身份的标准和规范内化于心、外化于行。

忠诚于党定位准。进了党的门，就是党的人，就要自觉把自己的一言一行与党的事业联系起来，按照党的要求履行党员的职责，维护党的利益，时时处处与党一条心，用一生的言行履行入党誓言。这就需要加强主观世界的改造，常补精神之"钙"，常固思想之元，切实解决世界观人生观价值观这个"总开关"问题，坚定对马克思主义的信仰，坚持对社会主义和共产主义的信念，坚守共产党人的精神追求和道德情操，始终与党中央保持高度一致，牢牢把握政治方向，站稳政治立场，永葆共产党人的政治本色。

自我要求标杆高。党员与群众在思想政治修养上决不能画等号。党员是有着特殊政治使命、受到严格组织约束的公民，如果党员退守到公民的底线上，就降低了党员标准，从严治党便无从谈起，党的先进性更无从体现。加入党组织，就意味着思想上、作风上、行动上有更高标准、更严要求，处处以身作则，严于律己；入了党，就意味着主动放弃一部分普通公民享有的权利和自由。有些言论，群众可以说，但党员不能说；有些事情，群众可以做，但党员不能做。正是在这些特殊的高标准中，体现出党员的先进性、模范性和带头作用。

彰显身份行之笃。"第一身份"要求我们每位党员不论处于什么工作岗位，不论生活在什么环境中，都要吃苦耐劳争第一，模范带头争一流，而决不是与民争利争第一，私利追求争第一，有了好处争第一。一个人只要投入党的怀抱，成为党的一分子，就必须全心全意为人民服务，在任何时候、任何情况下不得谋求任何私利和特权，必须坚持党和人民的利益高于一切，个人利益服从党和人民的利益，吃苦在前，享受在后，克己奉公，多做贡献。真正做到"平时能看得出来，困难时能站得出来，危险时能豁得出来"。就党内关系而论，要高度认同党员身份，懂得不论职务高低、党龄长短、贡献大小、资历深浅，每位党员都享有同等的权利，承载同等的义务。避免口是心非，防止言行不一，真正把优良作风体现在为人民服务的实践中、彰显于久久为功的行动上。

总之，共产党员的身份，要求每位共产党员自觉以党员标准严格要求自己，时刻不忘本来，牢记本色，履行党员责任义务，发挥先锋模范作用，维护好党的良好形象，做一名新时代永不褪色的、名副其实的共产党员。

把第一身份牌子"亮"出来

实践表明，一个党员的党性，不是随着党龄增长和职务提升而自然提高的，如果不加强修养和锤炼，党员的身份意识就会降低甚至丧失。自觉、理性、清晰、科学的党员身份意识，是对一名共产党员的起码要求。

凤夜在公明身份。1921 年列宁在论述新经济政策时指出："徒有其名的党员，就是白给，我也不要！"先进性是马克思主义政党的本质属性。马克思主义政党的先进性首先表现在思想的高度自觉，作为先进分子，党员的政治本色不是靠外在约束，而是靠内在的觉悟。放松思想教育，降低自律的要求，党的先进性就失去了立足之基。只有每位党员都能强化身份意识，永远牢记、爱护、珍惜自己的

"第一身份"，始终与人民心心相印、与人民同甘共苦、与人民团结奋斗，夙夜在公，勤勉工作，我们党才能永远赢得人民的认可和信任。

不负重托知身份。党员身份意识，是党领导人民开创事业的基本保证。在很大程度上，人民群众认识、看待和评价我们党，通常是依据每位党员的具体言行作出判断的。只有始终牢记自己是一位党员，时刻用党员标准严格要求自己，才能真正成为一位合格的党员，也才能影响和带领广大群众信赖党、拥护党、跟党走。从这个意义上说，党员在密切党同人民群众联系方面起着桥梁和纽带作用。党员干部担负着党和人民的重托和期望，其一言一行关乎党的形象，都会给党的事业带来或积极或消极的影响。过去人们总是说："这个人表现这么好，可能他就是共产党员！"可见群众把共产党员和最好的人画了等号。事实上，共产党员也只有成为人们称道的先锋和模范，才能时时引领群众前进。反之，如果党员不以实际行动发挥先锋模范作用，人民群众就看不到推动社会主义事业的力量、信心。

蓬勃热忱亮身份。党员身份意识，是共产党的力量源泉。党员是先进分子，是党的肌体上的一个细胞。对于中国共产党而言，决定这个政党质量的一个重要依据是看党员是否认同自我党员身份，是否有为党组织服务的热忱，是否有为党组织的利益奋斗的精神，是否与党组织同呼吸、共命运。如果一个人入党后，一心只知道享受身份带来的益处，却不热爱自我党员身份，不愿为自我所属的党组织担责任、做奉献，即使才华再好、能力再强、本事再大，对于整个党及党的事业来说不仅无益，而且有害。对于一位党员来说，具有明确而强烈的党员角色意识，是发挥党员作用的重要前提和思想基础。有的党组织把佩戴党徽作为每天必须整理的政治仪容仪态，作为工装的"标配"，作为一流工作业绩的清醒提示。有的设立党员先锋岗，划出党员责任区，亮出承诺牌，鲜明表达了党员群体身份。

凝心聚力强身份。党员身份意识，是共产党执政资格的内在保障。中国共产党作为执政党，其广大党员的一言一行、一举一动都不能简单地理解为个人言论和举止，而是代表着党和政府的形象。作为掌握公共权力的党员干部，一言一行更是对党和政府公信力的塑造。习近平在兰考县委常委扩大会上，提起了著名的"塔西佗陷阱"："说当公权力失去公信力时，无论发表什么言论、无论做什么事，社会都会给以负面评价。"这警示我们：一个政党如果失去公信力，无论做出何种执政举措，都会被群众潜意识里打上"性本恶"的标签。这充分说明了执政者取信于民的重要性，取信于民是为政之基。只有成千上万的党员个体自觉成为先锋模范，才能不断增强党组织的凝聚力、生命力、战斗力，永葆党的肌体健康。与之相反，如果党员丧失为人民服务的宗旨意识，将个人利益捆绑为"党的利益"与人民相对立，就会大大损害党和政府在人民群众中的形象，降低党和政府的公信力，损害党的执政能力建设。一个思想上、政治上保持先进性，具有真理力量的党，必然是一个保持高尚道德情操，具有人格力量的党。现在我们比历史上任何时期都更接近中华民族伟大复兴中国梦的目标，愿景越光明，使命越艰巨，越需要党坚强有力的领导。如今，我们党有八千多万党员，如果每位党员都合格，那将是一支多么强大的力量。

时刻牢记自己的第一身份是共产党员，不言自明，这应该是对每位共产党员最起码的要求。问题就在于，现实生活中，随着社会生活环境的变化，一些党员对自己的"第一身份"的认同感产生了审视疲劳，身份麻痹。他们对个人利益越来越看重，对过去广受赞扬的大公无私、不计个人得失的思想品德，竟产生了怀疑和动摇。宁夏回族自治区政府原副主席白雪山被"双开",通报中首次采用了"长期搞迷信活动"的表述。盘点众多落马官员,或被查前夕选择"临时抱佛脚",或在一只脚踏进官场之际另一只脚就进入"鬼府佛堂",多多少少都与搞封建迷信挂钩。党员干部搞封建迷信动摇了理想信念,一个人没有了理想、缺乏了信仰,就会迷失方向。类似于白雪山这样忘记党员身份的现象并不少见,需要采取强有力的举措才能遏止。

政治旗帜引领,党员不能"隐姓埋名"。有的人淡漠了共产党员的光荣称号,忽略了自己首先是一名共产党员,平时看不出来,关键时刻站不出来,遑论"豁得出";有的党员长期不参与组织生活和组织活动,也不主动交党费,问及原因,得到的答复居然是,"搞党员活动麻烦,浪费时间","早知道这么麻烦,就不进党门了","早知道还得交党费,当初就不入党了";有的交党费一交就是两年。中央巡视组在巡视过程中,就发现有少数央企党员干部对党的观念淡漠,拿着高薪却不按规定交纳党费。本该是一种荣誉的"党员身份"却成为他们眼中的"麻烦和负担";有的共产党员八小时之内是党员,八小时之外还不如普通老百姓,别人提醒他别忘了自己是党员,他居然说"党员也是人啊";有的党员领导在群众眼里"不像党员",只关心自己做什么官、到了什么级别，却长期不过组织生活、不受党的组织纪律约束。

政治定力稳神，党员不能理想信念迷失。"共产主义远大理想和中国特色社会主义共同理想，是中国共产党人的精神支柱和政治灵魂"。共产党员要做坚定的马克思主义无神论者，严守党章规定，坚定理想信念，牢记党的宗旨，决不能在宗教中寻找自己的价值和信念。当前，追求眼前实惠，缺乏远大理想，对党的前途命运不闻不问，当好好先生的现象在一部分党员干部中比较严重；有的党员把党的事业、人民利益、共产主义理想看作空幻、渺茫的东西，不能正确认识要把执行党的现阶段政策同坚持党的最高理想统一起来的道理，有的信念动摇，把配偶子女移民到国外、钱存在国外，给自己"留后路"，随时准备"跳船"；有的心为物役，信奉金钱至上、名利至上、享乐至上，只为"利想"、不为"理想"，迷恋个人"钱途"、不想党的前途。

政治魅力感召，党员不能在公众场合失去身份。2014年官员夫妻殴打护士案曾经引起社会广泛关注。南京某医院医护人员被女患者父母打伤，涉嫌打人的是某省人民检察院的处长，及其身为省级科技馆工作人员的妻子。此事暴露出当前一些党员干部身份意识和法治意识严重缺失，更让人感到他们身上若隐若现的"特殊身份"的优越感。在现实生活中，部分党员角色意识错位，宗旨观念逐渐淡化，有的在大是大非面前不讲原则，肆意转发谣言，听谣、信谣、传谣，对有损党的形象的言行不批评、不斗争，听之任之；有的公开发表有悖于党的组织纪律的言论，丧失了起码的政治立场；有的入党后思想没有跟上，言论常常"脱靶"；有的个人主义抬头，忘却对党组织应负的责任和应尽的义务。

铁律约束规范，党员不能丧失基本底线。有的党员在原则问题和大是大非面前立场摇摆，目无组织、我行我素，自我膨胀、逾规逾矩，信口开河、百无禁忌；有的享受不应该有的"自由"；有的在官商交往中"勾肩搭背"；有的搞"一人得道，鸡犬升天"的腐败之道。这些都严重损害党群关系、干群关系，损害党的整体形象，削弱党组织凝聚力和战斗力。在这些党员头脑里，"不贪不占"就是党员的标准，而"牺牲奉献"只是"过时的"口号。有的以党员之名，不干党员应该干的事，心里没有任何敬畏，行为没有任何底线，甚至个别党员干部在大是大非的原则面前，在各种权色名利的诱惑面前，缺乏正气与骨气，最终把持不住自己，在"人格"沦丧的同时也丧失"党格"，或利用职权谋取私利，或营私舞弊索贿受贿，或腐化堕落道德败坏等，不仅越过党纪，甚至漠视国法，坠入犯罪深渊。

何以忘了"我是谁"

当前，必须重点防范以下重要群体中共产党员个体的党员身份意识薄弱和涣散的情况，这是因为他们的社会公众身份容易在群众心目中造成更大的影响。

"关键少数"和"重要职位"。2015年2月2日，习近平在省部级主要领导干部学习贯彻十八届四中全会精神全面推进依法治国专题研讨班开班式上发表重要讲话。他强调，各级领导干部在推进依法治国方面肩负着重要责任，全面依法治国必须抓住领导干部这个"关键少数"。一时间，"关键少数"成为热词。"教者，效也，上为之，下效之。"党员干部带头就是鲜明的旗帜，上级垂范就是无声的命令。民间有句俗话："村看村，户看户，群众看的是干部。"作为决策者、管理者和执行者，领导干部这个"关键少数"的重要性可见一斑。权力就是责任，责任就要担当。"重要职位"不仅仅要指那些掌握重要公权力的领导干部，更多的是那些掌握公共资源的人，他们的言行直接影响到百姓日常生活的各个方面。可是有部分"重要职位"的党员，却给群众留下"门难进、脸难看、事难办"的负面印象。央视《焦点访谈》栏目以《证难办、脸难看》为题，对河北武邑县北漂小伙小周在办理因私护照和江苏丰县市民小狄在办理营业执照和法人执照过程中，遭遇相关部门工作人员刁难的事件进行曝光。现实生活中，的确有部分占有"重要职位"的党员干部忘记自己的身份，慢慢疏远群众，只顾自己少担责任、多享清闲，却让老百姓急断肠，跑断腿，出现这样那样脱离群众的现象，严重破坏我们党在人民群众中的形象。

"社会名流"和"明星大腕"。这里的"社会名流"和"明星大腕"是形容那些言论表达和行为举止均受到社会各界高度关注的共产党员。这些共产党员主要包括享有著名声望的学者、专家等，还包括演艺界明星、作家、艺术家等，以及高级职业经理人、名医生、名律师、高校校长、大中型企业的高管等。与其他社会群体一样，主流意识形态仍然是他们之中绝大多数人的思想信仰，但的确也存在少数人价值混乱、道德滑坡、底线失守，搞不清楚"我是谁、为了谁"的现象。有些人怀揣某种目的在"作秀"，刻意与国家和人民的主流价值保持距离，甚至公开嘲弄；有些人违反现代社会基本的职业操守和道德；有些人身在体制又诋毁体制，又常因私壑难填而恶语中伤体制。邓小平曾说过："不管是什么专家、学者、作家、艺术家，只要是党员，都不允许自视特殊。"

　　"舆论精英"和"人气高手"。"舆论精英"和"人气高手"主要是指从事传媒、网络、信息等可传播性职业，具有一定舆论影响力的共产党员。包括自由撰稿人、网络写手、编辑、版主、节目主持人、知名记者、专栏作家、评论家、主持人等。这些人拥有较为广泛的社会影响，在网络这个漫无边际的虚拟公共领域里十分活跃，为万众所瞩目，成为舆情的焦点。特别是拥有众多粉丝的网络大V，只要他们一发声，那些粉丝都会第一时间或关注或应声。他们说一句话或转发一件事都会造成相当大的网络影响。对这些"网络达人"而言，名气与财富基本是成正比的。为片面追求更高的点击率和人气，有人故作高论，抛出令人惊悚的议题和突破底线的大胆话语，既有伤风败俗、严重丧失社会主义道德的言论，也不乏通过对重大现实问题、相关历史问题和意识形态问题公开表达不同看法和政见，以批评和嘲讽马克思主义为"时尚"、为噱头，丑化、妖魔化中国历史及其英雄人物。其舆论受众数量之大、传播速度之快、政治负面效果之强，是传统传播手段难以比拟的，由此给包括一些盲目追捧的粉丝等在内的普通群众带来"潜移默化"的负能量影响不可小视。

"先富人士"和"白领阶层"。改革开放以来，随着收入分配制度的多样化和新的社会阶层优秀代表人物不断加入中国共产党，有些党员先富起来。这些生活水平明显高出普通群众的"先富人士"和"白领阶层"党员群体，应当谨记"发扬社会主义新风尚，带头实践社会主义荣辱观，提倡共产主义道德"的要求，自觉抵制愚昧落后的社会风俗，摒弃拜金主义和享乐主义思想，保持认识上的清醒和思想上的先进。譬如，党员用自己家庭的合法收入买豪车、名表，大吃大喝等是否符合党员身份？应该说，党员、干部靠自己的劳动，生活过得好一点，群众完全理解，但他们作为党员，一言一行、一举一动，直接影响到党在人民群众中的形象，如果过分奢靡，群众会认为他们没有体现出先进分子的本色，不像一名共产党员的所作所为。试想，如果共产党员热衷于开豪车与买名表之类的奢靡行为，群众会怎么看，会怎么想，党员的先进性究竟体现在哪里，党组织的号召力从何而来，党群关系又如何能紧密无间？

"树朽先朽于根，人毁先毁于心。"大量案例警示我们，党员身份意识淡薄是危险信号，忘记"为了谁、依靠谁、我是谁"，必然走上腐化堕落、违纪违法的歧途。为什么在现实的环境中，一些党员迷失方向，在现实利益面前颠覆了自己的世界观，成为迷途羔羊，丢失动力？

主观上难以入伍，没有常学常新。有身份不等于有身份意识，党员身份意识的形成是一个从心理上对共产党的组织规范、准则、信念和价值系统等的吸收、接纳及内化的过程，本身是一个动态的活动过程，是一个不断认识、不断实践、不断提高的过程，不可能一蹴而就，也不可能一劳永逸。如果放松对自身的改造和要求，开始习惯随大流，过得去，无所谓……长此以往，党员的身份意识也就会日渐淡漠，党性减弱，最终导致自身走向堕落。

考验场难以应招，没有明辨良莠。党员干部并非生活在真空里，随着改革开放的推进，社会经济成分、经济利益、组织形式及生活就业方式的多样化，人们的思想也呈多样化趋势。一是中国社会的复杂性。这使我们在建设中国特色社会主义的伟大征程中难以避免长期面临封建主义残余思想的侵蚀。有些共产党员对中国特色社会主义的理论、制度和道路缺乏自信，有的党员的光荣感因此而逐渐淡漠，有的党员对党和党的事业失去信心。一些党员因为遇到个人具体困难和矛盾而对党产生疏离甚至怀疑诘难。二是价值判断的多元性。在市场经济条件下，社会结构和社会意识领域日益多元化，部分党员干部面对汹涌澎湃的市场大潮，价值取向发生逆向逆行，逐渐淡化了马克思主义信仰，动摇了共产主义理想信念，产生背离全心全意为人民服务宗旨的个人主义、本位主义、拜金主义等错误思想和行为。三是思想统一的艰巨性。社会多样化发展使人们思想多元化、复杂化的特质越来越明显，同时党内存在一些思想问题和利益矛盾，这必然增加党内统一思想的难度。四是制度建设的松懈性。一个时期以来，一些党组织治党不严，对党员的教育管理抓得不紧、不实，党的工作方式方法和党建的制度建设不适应形势发展的要求，党员干部管理"失之于软、失之于宽"，自由主义、好人主义有所滋长，致使一些党员得不到有效的教育和管理，党员队伍素质下降。

唤醒沉睡的身份意识

《史纲评要·唐纪》里有一个故事：唐朝丞相魏征与唐太宗议论前朝兴衰时，曾说："昔鲁哀公谓孔子曰：'人有好忘者，徙宅而忘其妻。'孔子曰：'又有甚者，桀、纣乃忘其身。'"唐太宗听后颇有感触地说："是啊，我和诸位应当合力互助，别忘了国家和自身，免得也被人讥笑啊！"这个故事讲的意思是：鲁国国君鲁哀公不相信世界上真有这么糊涂的人。有一次他问孔子："徙宅忘妻，您说真有这样的人吗？"孔子说："怎么没有，不算稀奇，还有连自身都遗忘的人呢！"鲁哀公更加惊奇了，怎么会有这种事儿呢？孔子说："这种事儿也不算稀奇。譬如夏桀、商纣等暴君，荒淫无度，穷奢极欲，不理国事，不顾民生。结果，国家亡了，暴君们的命也完了。他们不但忘掉了国家，遗忘了人民，连自身都完全忘记了！"

从反腐案件来看，有些身居要职，无视党纪国法，背弃共产主义理想，丢掉党性原则，贪赃枉法而铸成大错者，就是其中的一种。有的见利见色忘义，根本忘记了自己是名共产党员，忘记宗旨，忘记誓言，忘记规矩，忘记纪律，这一系列"善忘"可比起"徙宅忘妻"的古人要严重得多，让人唏嘘不已。党员意识的淡化或丧失，是一部分党员精神上的"贫血症"，思想上的"水土流失"，长此下去，会导致极为严重的后果。在这样一种状态下，如果党在遇到外在力量冲击时，便会丧失战斗力和聚合力，受人摆布，甚至会分崩离析或土崩瓦解。

扭牢"总开关"，修炼内功。"全党同志必须把对马克思主义的信仰、对社会主义和共产主义的信念作为毕生追求，在改造客观世界的同时不断改造主观世界，解决好世界观、人生观、价值观这个'总开关'问题，不断增强政治定力，自觉成为共产主义远大理想和中国特色社会主义共同理想的坚定信仰者和忠实实践者；必须坚定对中国特色社会主义的道路自信、理论自信、制度自信、文化自信"。《若干准则》明确对全体共产党人作出了理想导航。每名党员在改造社会的客观实践和完善自我的修养锤炼中要自觉增强党员意识，并且还要通过工作实践和生活实践来检验和确认。一是党员应该不断地用党员标准严格要求自己，见贤思齐，知是明非，自觉做到自重、自省、自警、自励，尤其要防微杜渐，管住小节。共产党员须从小节小事上开始严格要求自己，不仅在大是大非面前立场坚定，而且也要注意生活作风问题，包括在点滴小事上，对自己也应该高标准、严要求。与此同时，必须正确认识工作内与工作外的关系。八小时内外，不论身处何地，都应该做到洁身自好。二是加强学习，确立党员身份意识，从根本上说，需要解决世界观、人生观、价值观这个"总开关"问题，只有在不断加强学习基础上，认识党的历史，理解党的崇高性，体会到党的温暖，才能不断促使党员产生对党员身份的自豪感和对党组织的归属感。三是要加强社会实践活动，践行党员义务。离开个人的社会实践，自我实现就无从谈起。投身于社会实践中，是党员自我责任和义务的体现，使得党员自身的价值得到更加充分的体现。共产党员要积极参加党的组织生活方面的活动，如思想建设、组织建设、作风建设和制度建设等。四是要自觉接受党内外监督。我们广大党员干部，特别是领导干部要带头执行各项监督制度，尊重和维护广大党员和人民群众对党和社会事务的建议、批评、监督权，把自觉接受监督当作领导干部必备的基本条件来衡量。

湖南岳阳 89 岁的老党员王忠一生清贫，却把一毫一厘攒下的 15 万元全部作为"特殊党费"上交。交完钱，他还打算交房子，"如果老伴先我而去，我打算搬去敬老院，把房子卖了交给组织，由组织去资助贫困学生。如果我先走，就等老伴百年以后再卖房子，除了给老伴办后事，剩下的钱还是交给组织去资助学生。"当记者问他为什么，这位有66 年党龄的老党员说："我始终相信，共产党员和普通群众是要有区别的，党员就是要吃苦在前、享受在后。"这位两袖清风的老人，赢得无数人的尊敬。共产党员的身份意识就是党员自我对于党员这一身份角色的理解、认同和遵循，在行动上时刻践行着共产党员的基本标准和基本品质。

常敲"警示钟"，把握边界。党的各级组织务必从加强思想教育、严格组织生活、加强制度建设等方面为党员身份意识的形成提供条件和保障。具体说来如下：一是夯实理论认识根基。党员意识是先进的社会意识，不可能自发地产生，只能靠加强教育，从外面灌输。因此，党组织要组织党员系统地学习马克思主义基本理论，学习党的基本知识和基本路线，并把这种学习经常化、制度化。二是增强身份认同基础。党员除了知道自己的身份角色，还应该有心灵寄托的港湾，就好比有了自己的"家"和亲人。这个"家"就是自己所归属的党组织，这就要求党组织关心党员，使他们时刻感受到"家"的温馨，时刻感恩党组织和其他成员的关怀和激励。三是提高组织生活质量。勇于开展批评与自我批评，达到思想交锋、感情交流、工作交融，使咬耳朵扯袖子、红脸出汗成常态。四是健全激励约束机制。强化党员监督管理，把守纪律、讲规矩摆在更加重要的位置，上级领导要负起主体责任，主动提醒，及时教育。

古语云，不忘初心，方得始终。初心是起点时心怀的承诺与信念，中国共产党人的初心就是党旗下庄严许下的铮铮誓言。只要每位共产党员都始终牢记和珍惜自己的第一身份，忠实地履行党员的第一职责，我们的党就会以更加高大的形象引领人民，就能永远赢得人民拥护，中华民族伟大复兴的中国梦就一定能够早日实现。

02

严格遵守党员的根本行为规范

党章是党的总章程，集中体现了党的性质和宗旨、党的理论和路线方针政策、党的重要主张，规定了党的重要制度和体制机制，是全党必须共同遵守的根本行为规范。

2012年11月16日，新任中共中央总书记习近平在《人民日报》署名发表题为《认真学习党章　严格遵守党章》的文章。这是在党的十八大后总书记第一篇署名文章，强调全党要强化党章意识，更好发挥党章在推进党的事业和党的建设中的根本规范和指导作用，吹响了全面从严治党的"集结号"。党的十八大后，习近平在不同场合多次提到党章的重要性。2016年4月他在安徽调研时强调，全党学习贯彻党章的水平，决定着党员队伍党性修养的水平，决定着各级党组织凝聚力和战斗力的水平，决定着全面从严治党的水平。不论是高级干部还是普通党员，要做合格党员，学习贯彻党章都是第一位的要求。新一届党中央为何如此重视党章？从根本性上讲，这是由党章在党内的地位和重要性所决定的。从紧迫性上看，当前部分党员党章意识缺失的问题必须引起全党的高度警醒。

与时俱进的总章程

俗话说："国有国法，家有家规。"对于一个政治组织而言，特别是政党这种特殊的政治组织，党章就是政党内部的"国法家规"。邓小平曾经说过："国要有国法，党要有党规党法，党章是最根本的党规党法。"党章是政党内部最基本和最高的政治行为规范，是一个政党的政治态度和组织形态的集中体现，是一个政党为保证全党在政治上、思想上的一致和组织上、行动上的统一所制定的章程。党章主要内容应该包括该党的性质、指导思想、纲领任务、组织结构、组织制度，党员的条件、权利、义务和纪律等。世界上5000多个政党大多都有党章，是否拥有党章也是衡量一个政党成熟与否的重要标志。

中国共产党是按照马克思主义建党原则创立的无产阶级政党，制定党的章程是无产阶级建党原则的题中应有之义，一部党章的演进史就是一部生动不朽的政党史诗。

1921年7月，中国共产党第一次全国代表大会在上海召开，全会制定通过《中国共产党纲领》，规定了党的名称、性质、纲领，同时对组织原则、组织机构和发展党员等问题作出原则规定，这是带有党章性质的纲领性文件。1922年7月，中共二大正式制定《中国共产党章程》，第一次明确规定了党在民主革命时期的最低纲领，同时详细规定了党员条件和入党手续，组织原则、组织机构和纪律，党章的制定标志着党的创建任务的完成。新民主主义革命时期最重要的一部党章是中共七大通过的《中国共产党党章》，它是我党独立自主制定的第一部党章，第一次把总纲写入党章，第一次明确了毛泽东思想在全党的指导地位，第一次把党的民主集中制概括为在民主基础上的集中和在集中领导下的民主，第一次规定了党员权利义务等。它确立了政党的指导思想，为政党提供了行动指南，是中国共产党树立思想旗帜、凝聚全党力量的宝贵探索和实践创新。毛泽东思想的形成是有过程的，1941年3月，党的理论工作者张如心在《共产党人》杂志上发表的《论布尔什维克的教育家》一文中正式使用了"毛泽东同志的思想"的提法；1942年7月1日，中共中央晋察冀边区机关报《晋察冀日报》发表了由主编邓拓撰写的社论《全党学习和掌握毛泽东主义》；1943年7月6日，刘少奇发表的《清算党内的孟什维主义思想》文章，明确提出了"毛泽东同志的思想"和"毛泽东同志的思想体系"命题；1943年7月5日，王稼祥撰写的《中国共产党和中国民族解放的道路》文章首次提出了"毛泽东思想"这一科学概念。1945年4月20日党的六届七中全会通过的《关于若干历史问题的决议》明确指出："党在奋斗的过程中产生了自己的领袖毛泽东同志，形成了中国化的马克思列宁主义的思想体系——毛泽东思想。"七大党章的重要性甚至连蒋介石都赞不绝口，他把其中两节完整地抄在自己的日记里，一节是"党员与群众"，一节是"上级与下级"。蒋介石的评价是："读了得益匪浅，本党必须要奋起急追，否则消亡无日。"

中国共产党执政之后召开的第一次全国代表大会是1956年的八大，在这次大会上制定的党章是党执政以后通过的第一部党章，其中总纲部分中对新时期的主要矛盾和党的主要任务作出新的概括。党的九大、十大党章是在党内政治生活不正常的情况下通过的，突出特点是对"文革""左"的错误的总结和继承。1982年党的十二大通过的《中国共产党党章》（10章50条），是在全面总结新中国成立以来经验教训的基础上制定通过的，是最新党章修订的基础模板。党的十二大通过的党章，总纲更充实完整，对党员干部的要求更加严格，民主集中制的规定更加充分具体（如禁止任何形式的个人崇拜），增加了组织体制的新规定（如主席制改为总书记制；设立顾问委员会等），还新增了入党誓词。党的十八大对党章进行了最新一次修订，在总纲的修订中，科学发展观成为党的指导思想写入党章，中国特色社会主义表述更加完整，生态文明纳入整体布局，强调坚持改革开放，完善党的建设总体要求。除此之外，还对部分具体条文进行了修订。

习近平指出，没有规矩，不成方圆。党章就是党的根本大法，是全党必须遵循的总规矩。

党章是统一全党意志的总章程。党章代表了全党的最高利益和最大利益，集中全党的信念和愿望，是统一全党思想和行动的锐利武器。作为一个有着八千多万党员和四百多万个基层党组织的大党，如何把全党凝聚为一股战无不胜的合力，而不会沦为各自为政的一盘散沙？列宁曾经指出："为了保证党内团结，为了保证党的工作集中化，还需要有组织上的统一，而这种统一在一个已经多少超出了家庭式小组范围的党里面，如果没有正式规定的党章，没有少数服从多数，没有部分服从整体，那是不可想象的。"

党章是调整党内关系的总规范。常言道：人不以规矩则废，党不以规矩则乱。从人类社会的发展来看，小到家庭，中到组织，大到社会，都形成并且存在着各种各样的规范和习俗，以协调、处理人与人之间的关系。政党同样如此，党员和党员关系、党员和组织关系、党员的权利和义务关系等，也需要有一个规矩来协调。如果说，法律是规范整个社会行为的规矩，那么，党章就是规范全党行为、党内生活秩序、党员行为规范的规矩。

党章是其他党内法规的总依据。党章就是党的宪法，是党内最具权威性、稳定性和严肃性的根本大法，是最高、最根本的党内法规，是制定其他党内法规的根本依据。2013 年公布的《中国共产党党内法规制定条例》及《中国共产党党内法规和规范性文件备案规定》，被称为是党内"立法法"。从党内法规体系看，一切党内法规都必须以党章的原则为依据，不能与党章的规定相抵触或相违背，如有抵触即为无效。

党章是把握党的正确政治方向的根本准则，是坚持从严治党的根本依据，是党员加强党性修养的根本标准。党章起着调整党内关系，改善组织工作，巩固组织纪律，战胜党内动摇及各种危害分子的作用。由此可见，党章是新时期的立党之本、行动之规、对照之镜、执纪之尺、护党之宝，是我们决不可丢掉的根本法宝。

2016 年 4 月习近平在安徽调研时强调，学习党章不仅要原原本本学、反反复复学，做到知其然，而且要联系实际学、深入思考学，做到知其所以然。要联系党的历史和今天党所处的历史方位、承担的历史使命的实际，联系党的理论发展和今天坚定理想信念的实际，联系党的基本路线和今天做好各项工作的实际，联系党的性质宗旨和今天更好为人民服务的实际，联系党员义务权利和今天发挥好党员先锋模范作用的实际，联系党的纪律规矩和今天解决好党内存在的突出问题的实际，深入思考党章对党组织和党员干部的要求是哪些、怎样身体力行，深入思考对照党章自己哪些没做到、应该如何提高，深入思考全面从严治党还有哪些环节需要加强、哪些制度需要完善。要把学习党章作为各级党校、干校培训党员领导干部的必备课程。要把检查学习和遵守党章情况作为组织生活会、民主生活会的重要内容。党员领导干部要做学习党章、遵守党章的模范。各级领导干部要把学习党章作为必修课，走上新的领导岗位的同志要把学习党章作为第一课，带头遵守党章各项规定。

2016年2月，中央办公厅印发《关于在全体党员中开展"学党章党规、学系列讲话，做合格党员"学习教育方案》，明确指出，着眼明确基本标准、树立行为规范，逐条逐句通读党章，全面理解党的纲领，牢记入党誓词，牢记党的宗旨，牢记党员义务和权利，引导党员尊崇党章、遵守党章、维护党章，坚定理想信念，对党绝对忠诚。

全面把握党章核心要义

现行党章的基本框架是1982年9月党的十二大修改制定的。根据形势和任务发展变化，之后历次党的全国代表大会分别对总纲和条文作了部分修改。从结构上看，党的十八大通过的党章由总纲和条文两部分构成。总纲概括了党的性质、宗旨、奋斗目标、历史阶段、基本路线、总体布局和党自身的建设等。条文包括党员、党的组织制度、党的中央组织、党的地方组织、党的基层组织、党的干部、党的纪律、党的纪律检查机关、党组、党与共产主义青年团的关系、党徽党旗，共11章53条。

全面理解党的纲领

党的纲领，指的是党为实现自己的奋斗目标而确立的行动方略。党的纲领是党的政治主张的集中反映，是昭示社会的政治宣言，是一个政党举什么旗、走什么路的根本标志，规定着党的奋斗目标，指明党的前进方向。因此，制定和实施正确的纲领，对于马克思主义政党及其领导的事业至关重要。党的纲领包括党的性质、指导思想、基本理论、基本路线和现阶段以及最终奋斗目标等方面的内容。中国共产党的第一个纲领是党的一大通过的《中国共产党纲领》。从党的七大开始，历次党的全国代表大会通过的党章总纲即是立足于不同历史时期对党的纲领的阐述。党的最高纲领是指党的最终奋斗目标，即实现共产主义。中国共产党从诞生时起，就是以实现共产主义为最终奋斗目标的。现在的努力以及将来多少代人的持续努力，都是朝着这个最高纲领前进的。无论过去、现在和将来，共产主义理想都是共产党员的力量源泉、精神支柱和立身之本。如果动摇了这个理想信念，也就动摇了共产党人的根本政治立场。

中国有句古话，"民无信不立"。就如同在信仰的荒漠上立不起伟大的民族一样，信仰缺失的政党注定是一个丢失灵魂的躯壳，一有风吹草动就会轰然倒塌。历史告诉我们，丧失共产主义信仰的后果是非常严重的。美国前总统尼克松曾说："东欧的共产党人早已丧失理想和斗志，多数是追名求利的官僚。"苏共执政末期，越来越多的苏共领导干部尤其是高级领导干部丧失了共产主义理想信念，甚至背叛了党。改革开放以来，一些党员干部丧失共产主义信仰，转而信仰西方"唯利是图""拜金主义""享乐主义"，认为除了私利，"神马都是浮云"，也有些党员干部甚至高级干部不信马列信鬼神，设佛堂，摆风水阵，迷信宗教、"大师"，等等，最终都走上违法犯罪的道路。究其根源，最根本的还是信仰迷失，抛弃了共产主义的信仰。历史证明，一个信仰坚定的党，一定有共同的目标和统一的思想，共同的目标使四面八方的人走到一起，统一的思想使走到一起的人从此不再分开，而且使更多的人不断地被影响、吸纳，从而使这个党由小变大，由弱变强。而一个没有共同目标和缺乏统一信仰的政党终究是没有前途的，它会使已经走到一起的人散向四面八方，即使它暂时是强大的，也会因共同目标的模糊和信仰的不统一而由大变小，由强变弱。

信仰是有味道的。1920年的春夜，浙江义乌分水塘村一间久未修葺的柴屋里，两张长凳架起一块木板，既是床铺，又是书桌。桌前，有一个人在奋笔疾书。母亲在屋外喊："红糖够不够，要不要我再给你添些？"儿子应声答道："够甜，够甜的了！"谁知，当母亲进来收拾碗筷时，却发现儿子的嘴里满是墨汁，红糖却一点儿也没动。原来，儿子竟然是蘸着墨汁吃掉粽子的！他叫陈望道，他翻译的册子叫《共产党宣言》。墨汁为什么那样甜？原来，信仰也是有味道的，甚至比红糖更甜。正因为这种无以言喻的精神之甘、信仰之甜，无数的革命先辈，才情愿吃百般苦、甘心受千般难。

信仰是有力量的。方志敏在《可爱的中国》里写道："敌人只能砍下我们的头颅，决不能动摇我们的信仰！因为我们信仰的主义，乃是宇宙的真理！为着共产主义牺牲，为着苏维埃流血，那是我们十分情愿的啊！"张学良经常和部下讨论为什么打不过共产党，他的结论是："主要是共产党、红军信仰他的主义，甚至于每一个兵，完全是一个思想——共产主义，这是第一样。"信仰的力量，使得中国共产党人能从白色恐怖中站立起来，擦干烈士的鲜血，继续前行；信仰的力量，让红军在极端艰苦的环境中，完成了长征这个"不可能完成的任务"；信仰的力量让我们战胜了一个又一个困难，最终让我们的对手都不得不发出这样的感慨："共产党是有信仰的。"

信仰是有传承的。革命时期，信仰是带头践行"同志们，跟我上"的生死考验；建设时期，信仰是身先士卒、只见公仆不见官的无私奉献；改革年代，信仰是锐意创新、带领群众奔向富国强民梦想的时代先锋。只有信仰坚定，方有"富贵不能淫，贫贱不能移，威武不能屈"的浩然正气；只有信仰坚定，才能在"抵御诱惑有时比打仗还难"的环境中牢固树立"为人民，拒腐蚀，永不沾"的南京路上好八连精神；只有信仰坚定，才能在时时处处充满物质利益诱惑的当下，铸就心中时刻装着人民群众的诉求、一心为民、坦荡无私的当代共产党人的楷模。

习近平在 2016 年 4 月全国宗教会议上强调，共产党员要做坚定的马克思主义无神论者，严守党章规定，坚定理想信念，牢记党的宗旨，绝不能在宗教中寻找自己的价值和信念。共产党员有了坚定的信仰，人生的奋斗就有了意义。从兴国之光到实现中国梦的伟大历史新征程中，"为大多数人谋幸福"的信仰是一面永不褪色的精神旗帜，它是一座抵御诱惑的精神堡垒，更是一种护佑我们抵达彼岸的精神力量。坚守信仰，我们将战无不胜。

牢记党的性质和宗旨

中国共产党是工人阶级的先锋队，同时也是中国人民和中华民族的先锋队。坚持全心全意为人民服务的宗旨，是我们党的最高价值取向，是我们党一切行动的根本出发点和落脚点，是我们党区别于其他一切政党的根本标志。是否实现人民的利益，得到广大人民群众的拥护，是衡量我们党的路线、方针和政策是否正确的最高标准。中国共产党九十多年来奋斗历程的基本经验之一，就是始终牢记全心全意为人民服务的宗旨，紧紧地依靠人民群众，诚心诚意地为人民谋利益，从人民群众中汲取前进的不竭力量。

1848 年出版的《共产党宣言》，揭示了无产阶级的历史使命。宣言中提到"无产阶级的运动是绝大多数人的，为绝大多数人谋利益的独立运动"。1934 年 1 月，毛泽东在《关心群众生活，注意工作方法》一文中指出："要使广大群众认识我们是代表他们的利益的，是和他们呼吸相通的。"1944 年 9 月毛泽东在张思德的追悼会上，发表了《为人民服务》的演讲。这是第一次从理论上阐述为人民服务的科学理论。1945 年 4 月，毛泽东在党的七大上作《论联合政府》的报告，指出："紧紧地和中国人民站在一起，全心全意地为中国人民服务，就是这个军队唯一的宗旨。"党的七大第一次把"全心全意为人民服务"写进党章"总纲"和"党员应尽的义务"。中国共产党党章总纲中明确指出:"党除了工人阶级和最广大人民群众的利益,没有自己特殊的利益。党在任何时候都把群众利益放在第一位,同群众同甘共苦,保持最密切的联系,坚持权为民所用、情为民所系、利为民所谋,不允许任何党员脱离群众,凌驾于群众之上。党在自己的工作中实行群众路线,一切为了群众,一切依靠群众,从群众中来,到群众中去,把党的正确主张变为群众的自觉行动。"特别是在党的十八大上,习近平明确指出,我们党的最大政治优势是密切联系群众,党执政后的最大危险是脱离群众。党风问题、党同人民群众联系问题是关系党生死存亡的问题。把党群关系看作党的生命线,是马克思主义建党学说的新认识和新发展。

历史上,无产阶级政党脱离群众,形成既得利益集团,最终落得亡党亡国的例子不在少数,教训极为惨痛深刻。苏共亡党的历史就是一部脱离群众的历史。前苏联研究机构曾组织过一次问卷调查,调查题目是"苏共代表谁?"调查结果是:4%的人认为苏共代表工人阶级,7%的人认为苏共代表劳动人民,11%的人认为苏共代表全体党员,

85% 的人认为苏共代表官僚特权阶级。一年之后，在苏共亡党的关键时候，没有出现党员保卫党的组织的行为，缘由也就不言而喻了。一些苏共高官在制度转轨后转而成为了俄罗斯寡头，以至于美国中情局前高官曾一针见血地指出，苏共是唯一在自己丧礼上发财的人。

坚持全心全意为人民服务，是我们党的性质决定的。党是工人阶级先锋队，辩证唯物主义和历史唯物主义是无产阶级政党的理论基础。人民群众是历史的主人，是推动历史发展的真正动力。同样，历史的选择最终要通过人民的选择来实现。党九十多年的光辉历程表明，正因为党是中国各族人民利益的忠实代表，党的领导地位的确立正是人民选择、历史选择的结果。党来自人民，植根于人民，服务人民。党从成立的那天起，就把为人民服务作为自己的最高原则。九十多年来，党肩负着谋求民族独立和人民解放，实现国家繁荣富强和人民共同富裕的历史重任，一步一步地实现自己的奋斗目标，始终保持强大的凝聚力、向心力、战斗力，其秘诀就在于坚持了全心全意为人民服务的根本宗旨。

坚持全心全意为人民服务，这是党取得革命和建设事业胜利的根本保证。我党由小到大，由弱变强，最终能够战胜千难万险，从胜利走向新的胜利，是因为我们取得了人民群众的拥护和支持。为什么党能得到人民群众的拥护和支持？从根本上说，是因为我们党始终把全心全意为人民服务作为自己的根本宗旨，党的一切奋斗归根到底都是为了实现好、维护好和发展好最广大人民的根本利益。土地革命时期，在赣南就有33万青壮年参加了红军。支援红军作战的达60万人，有名有姓的烈士达10.8万人；在瑞金县有近4.9万人参加红军，其中参加长征的3.1万人，在长征途中牺牲的就有万余人。解放战争时期，各地老百姓支前民工达543万人，平均每1名战士背后就有9名民工，他们用背扛、肩挑、车推、船载、牛车拉、担架抬，形成世界战争史上蔚为壮观的运输大军。老百姓把"最后一把米送去做军粮，最后一尺布送去做军装，一张旧棉袄放在担架上"。陈毅同志曾动情地说："淮海战役的胜利是老百姓用小车推出来的。"这些生动事例反复说明，党正是紧紧依靠广大人民群众的力量，赴汤蹈火，浴血奋战，不懈地践行着自己的历史使命。没有人民群众就不可能有我们的今天。人民群众是党的力量源泉和胜利之本。在新的形势下，我们党担负着领导各族人民建设中国特色社会主义，全面建成小康社会，实现中华民族伟大复兴的历史重任，同样要紧紧依靠人民群众，才能取得事业的辉煌成就。

辩证看待党员义务权利

党章规定的党员义务和党员权利，都是为了更好地保证和发挥党员作为党的事业的主体地位和作用。中国共产党由八千多万党员组成，党员是党的一切事业的承担者，是党的历史任务的实现者。强调和规定党员的义务和权利，就是为了更好地使党员参与党内事务，发挥党员的积极性，这是党的事业最终成功的希望所在，同时也决定了中国共产党党员与资产阶级政党的党员有根本的区别，即中国共产党党员是有着强烈责任感的、具有独立意志和健全人格的战士，而不是任何个人或小集团的工具。规定党员权利和义务，就是确认党员在党内的主人翁地位，确认所有党员在党内一律平等。离开这一点，党员先进作用的发挥就会受到极大的限制。

同时，我们也要看到，党员的义务和权利是一个相互联系、不可分割的有机整体，是互为条件、互相促进的密切关系。履行义务是行使权利的前提，行使权利是履行义务的保证。党员行使权利的时候，也是在为党尽义务；党员在尽义务的同时，要发挥先锋模范作用，没有一定的民主权利作保障是不行的。党员如果没有在党的会议上批评党的任何一级组织和党员个人的权利，党员就无法揭露和批评任何有害于党的事业的言论和行为；党员如果没有向党的工作提出建议和倡议的权利，党员的才干就不能发挥，党内的民主科学决策就成了一句空话；党员如果没有在党的组织对他做出处理时的辩护权、申诉权，党员就可能被错误处理，党组织的失误就不可能得到及时纠正。由此可见，党员的义务和权利是党员言论行为准则不可缺少的部分，对于增强党性，发挥党员的积极性，保障党内正常的政治生活，保证党的组织的巩固和行动的统一，提高党的战斗力，保证党的正确领导，完成党的历史任务，都具有十分重要的意义。

入党誓词的历史昭示

每年7月1日这一天，北京、上海、湖南、天津……从南到北、从东到西，共产党员在鲜红的党旗下庄严宣誓的情形到处可见。虽然他们操着不同的口音，但是他们都重复着相同的话语，有着相同的信仰，有着共同的追求。

入党誓词是党员对党和人民做出的庄严承诺。一代又一代中国共产党人，面对鲜红党旗，右手握拳，一字一句许下铮铮誓言。入党誓词警醒我们在任何情况下都不忘初心，做到政治信仰不变、政治立场不移、政治方向不偏。习近平在党的十八届中央纪委二次全会上指出，每一个共产党员特别是领导干部，不论担任何种职务、从事何种工作，首先要明白自己是一名在党旗下宣过誓的共产党员，要用入党誓词约束自己。

中国共产党的入党誓词并不是从建党之日起就有的，而是在残酷的革命斗争环境中，共产党员面对生死考验，用鲜血和生命凝练，并为捍卫党组织，保卫红色政权而应运而生的。中国共产党为新党员举办入党宣誓仪式，在历史上形成了不同版本的入党誓词。曾有记者采访1925年就入党的夏征农老人，问夏老在人生经历中记忆最深刻的是什么？老人毫不犹豫地说："是当年的入党誓词！——'永远跟党，永不叛党，为共产主义奋斗终生！'"王树声大将是在1926年2月13日入党的，他入党时的誓词为："我自愿加入中国共产党，服从党的纪律，为共产主义奋斗终生，严守秘密，誓不叛党。"1927年10月15日，湖南省酃县水口街叶家祠的阁楼上，一场6位同志的入党仪式秘密举行。"严守秘密，服从纪律，牺牲个人，阶级斗争，努力革命，永不叛党。"他们分别是陈士榘、赖毅、刘炎、李恒、欧阳健、鄢辉。主持这场入党宣誓仪式的正是毛泽东。在新党员的入党誓词中，确定加入了"永不叛党"四个字。据《毛泽东传》记载，井冈山革命斗争时期，毛泽东在加强党和红军建设时，十分注意通过入党宣誓仪式来对新党员进行党性教育。

延安时期的入党誓词如下："我宣誓：一、终身为共产主义事业奋斗；二、党的利益高于一切；三、遵守党的纪律；四、不怕困难，永远为党工作；五、要作群众的模范；六、保守党的秘密；七、对党有信心；八、百折不挠，永不叛党。"解放战争时期，入党誓词格式版本众多，宣誓的内容主要包括为共产主义奋斗、为民服务、服从决议、遵守纪律、永不叛党等，很多内容一直延续到今天。

党的十二大党章首次规定了入党誓词的内容，确立面对党旗宣誓是每位共产党员的光荣仪式。入党誓词是党员对党和人民作出的庄严承诺，一诺千金。党章中正式载入的入党誓词如下："我志愿加入中国共产党，拥护党的纲领，遵守党的章程，履行党员义务，执行党的决定，严守党的纪律，保守党的秘密，对党忠诚，积极工作，为共产主义奋斗终身，随时准备为党和人民牺牲一切，永不叛党。"党的十二大规定的入党誓词，更为全面、系统、科学地概括了党对党员的要求，概括了党员所应承担的政治责任。党的十三大至十八大通过的党章都重申了这一条。

入党誓词反映了我们党从不放松党的建设，也为我们揭示了加强党的建设是中国共产党从小到大，从弱到强的法宝之一，是我们党永远不可丢失的传家宝。入党誓词反映了我们党善于把握不同历史时期的主题和要求来发展党员，牢牢把握住不同历史时期的时代脉搏，并以此为标准来发展新党员，以此为目标来鼓舞新党员，以此为动力来推动党的建设向前发展。入党誓词反映了我们党高度重视对党员进行党性教育和理想信念教育，入党宣誓意味着一位同志从普通民众向中共党员身份的一种神圣转变，意味着属于执政团队一员的一种使命责任承担，意味着党内同志对党的一种忠诚承诺，更意味着每位共产党人以后的人生应该具有更加坚定的理想信念。

把合格党员的标准立起来

党员是党的肌体的细胞，是一串珍珠项链上的一颗颗珠子：党员合格，党的组织才坚强有力；党员不合格，整个党组织就会软弱无力。什么样的党员才算合格？ 20 世纪

80 年代，邓小平指出："我们的党员现在有一部分不合格。在'文化大革命'期间入党的新党员中，有一些因为一直没有受到党的教育，不能成为群众的模范，不合格。我们有些老党员长时期很合格，现在也不能成为群众的模范，不那么合格了……所以我们现在提出，我们这个党要恢复优良的传统和作风，有一个党员要合格的问题。合不合乎党员的资格，合不合乎党员的条件，这个问题不只是提到新党员面前，也提到一部分老党员面前了。"

从内容上看，党员标准就是党章对党员提出的条件和要求，它由入党条件、对党员的基本要求以及党员的权利和义务三部分组成；对于党员领导干部还有额外的六条要求。具体可归纳为七个方面：

第一，为实现共产主义奋斗终身。马克思、恩格斯在为共产主义者同盟起草的纲领——《共产党宣言》中指出："过去的一切运动都是少数人的或者为少数人谋利益的运动。无产阶级的运动是绝大多数人的、为绝大多数人谋利益的独立的运动。"作为马克思主义与中国革命实践相结合的中国共产党，成立之初就提出了自己的使命——消灭私有制；之后党的二大很快提出了党的最高纲领和最低纲领。党的十八大通过的党章再次强调指出，最高理想和最终目标是实现共产主义，并要求共产党员要"为实现共产主义奋斗终身"。这就是中国共产党的政治使命。

第二，坚持党和人民利益高于一切。党章规定：除了法律和政策规定范围内的个人利益和工作职权以外，所有共产党员都不得谋求任何私利和特权。共产党员坚持党和人民的利益高于一切，个人利益服从党和人民的利益，吃苦在前，享受在后，克己奉公，多做贡献。《中国共产党廉洁自律准则》第一条即规定"坚持公私分明，先公后私，克己奉公"。从人的基本要求来看，损公肥私是坏人，公私分明是常人，大公无私是圣人；从共产党员的要求看，公私分明是底线，大公无私是追求，坚决不能损公肥私。

第三，甘于奉献。人是要有点奉献精神的。印度诗人泰戈尔曾说过："花朵的事业是美丽的，果实的事业是尊贵的，但我愿做一片绿叶，绿叶的事业是默默地垂着绿荫的。"甘于奉献是共产党人的崇高品格。2014年5月，在同中办领导干部和职工代表座谈时，习近平指出：奉献有小奉献，也有大奉献。现在，有些人觉得自己当公务员收入不高，约束又多，同在企业工作或下海经商相比牺牲了很多，认为这就是奉献了。客观地说，这也是奉献，但这种奉献只是站在个人角度来认识的。中国共产党人讲奉献，就要有一颗为党为人民矢志奋斗的心，有了这颗心，就会"痛并快乐着"，再怎么艰苦也是美的、再怎么付出也是甜的，就不会患得患失。这才是符合党和人民要求的大奉献。有了这种精神，我们的事业才能取得成功。共产党员要有小奉献，更要讲大奉献。具备了这种精神境界，才能完成党和人民交付的任务，心里才不会觉得不舒畅，不会觉得吃亏、不划算。

第四，严守党内纪律和规矩。《若干准则》深刻指出："纪律严明是全党统一意志、统一行动、步调一致前进的重要保障，是党内政治生活的重要内容。必须严明党的纪律，把纪律挺在前面，用铁的纪律从严治党。""每一个党员对党的纪律都要心存敬畏、严格遵守，任何时候任何情况下都不能违反党的纪律。"守纪律、讲规矩既是对党员、干部党性的重要考验，也是对党员、干部对党忠诚度的重要检验。苏共在有20万党员时能够夺取政权，在有200万党员时能够打败法西斯侵略者，而在有近2000万党员时却丢失了政权、丢失了自己，其中很重要的一个方面是政治纪律被松弛动摇了。谁都可以为所欲为、言所欲言，那就不是政党了，而是乌合之众。党章是共产党员必须遵守的"第一纪律"，是共产党员的最高行为准则。除了正面规范之外，党章还明确了党员违反纪律的五种处分：警告、严重警告、撤销党内职务、留党察看、开除党籍，它们构筑了党法的"樊篱"，维护着党的团结统一。

第五，对党忠诚，言行一致。党章规定：对党忠诚老实，言行一致，坚决反对一切派别组织和小集团活动，反对阳奉阴违的两面派行为和一切阴谋诡计。现实中，一些党员与党章规定的先进分子的要求渐行渐远，他们心中没有党，没有把自己当成是一名党员、一名党员领导干部，不知不觉中降低党员的要求，甚至背叛党。遇到利益往前冲，遇到困难绕着走；公开场合言之凿凿，私下场合妄议大政方针；八小时以内循规蹈矩，八小时以外如脱缰野马。种种所作所为，给群众留下极其不好的印象。有的群众就说，这样的党员连我们都不如。长此以往，其危害是极其巨大的，因而对党忠诚是对党员的基本要求。

第六，争当群众模范。党的执政使命越是艰巨，党的政治影响越是扩大，党的威信越是提高，人民群众对于我们党员的要求也就越多越严。因为是共产党员，是群众所信仰的先进队伍中的一分子，群众就有特别的要求。群众常常根据我们党员的行动来测量我们的党。所以，党员无论在何时何地、一举一动都必须给群众一种美好印象，使他们更加信仰我党、敬重我党。共产党员作为先锋队组织的成员，是先进分子，要发挥先锋模范带头作用和引领示范作用。比如，党章要求共产党员要带头参加改革开放和社会主义现代化建设，带动群众为经济发展和社会进步艰苦奋斗，在生产、工作、学习和社会生活中起先锋模范作用。比如，党章要求党员要模范遵守国家的法律法规。再比如，共产党员要密切联系群众。党章要求各级党组织和党员要宣传群众、组织群众、带领群众为实现党的纲领、路线、方针、政策而奋斗。每位共产党员应该积极地在实际行动和日常生活中，真正以模范党员的姿态，响应这一号召。

第七，带头学习。在 1939 年，毛泽东在一次延安在职干部教育大会上讲话时指出："我们队伍里边有一种恐慌，不是经济恐慌，也不是政治恐慌，而是本领恐慌。"同过去相比，党今天肩负的任务更艰巨了，能力不足的危险更加严峻了，学习的任务不是轻了，而是更重了。在中共中央党校举行的建校 80 周年庆祝大会暨 2013 年春季学期开学典礼上，习近平指出："本领恐慌在党内相当一个范围、相当一个时期都是存在的。实现党的十八大提出的各项目标任务，做好方方面面的工作，对我们的本领提出了新的要求。"克服本领恐慌的一个基本方面就是学习，共产党员要学习党章党规，学习各方面理论和知识，克服本领恐慌的危险，依靠学习走向未来。

新时期新要求

新时期、新挑战、新任务和新使命，对合格党员提出了更高要求。

理想信念更加坚定。党的十八届六中全会鲜明提出：共产主义远大理想和中国特色社会主义共同理想，是中国共产党人的精神支柱和政治灵魂，也是保持党的团结统一的思想基础。必须把坚定理想信念作为开展党内政治生活的首要任务。党是由信仰纽带联结起来的，马克思主义、共产主义信仰是共产党人的命脉和灵魂。坚定的理想信念是合格党员的最基本要求，《中国共产党发展党员工作细则》明确规定了新时期发展党员的信仰要求：党的基层组织应当吸收具有马克思主义信仰、共产主义觉悟和中国特色社会主义信念，自觉践行社会主义核心价值观的先进分子入党。党的十八大以来，习近平多次强调共产党员的理想信念问题，他在全国组织工作会议上提出新时期好干部的标准：信念坚定、为民服务、勤政务实、敢于担当、清正廉洁。其中排在第一的是信念坚定。他在 2015 年的全国党校工作会议上提出了"铁一般信仰、铁一般信念、铁一般纪律、铁一般担当"的"四铁"干部，其中重要的也是关于信仰和信念的。

理想信念是共产党人精神上的"钙",没有理想信念,或者理想信念不坚定,精神上就会缺"钙",就会得"软骨病",就可能政治上变质、经济上贪婪、道德上堕落、生活上腐化。坚定的信仰始终是党员、干部站稳政治立场、抵御各种诱惑的决定性因素。换句话说,"革命理想高于天",崇高信仰对共产党人有着巨大的激励和鞭策作用。

为民服务更加彻底。人民对美好生活的向往就是我们的奋斗目标。习近平既深刻而又简明地阐释了对人民肩负的责任,这也是执政党对全体人民立下的铮铮誓言。为人民服务是中国共产党的根本宗旨,毛泽东在《坚持艰苦奋斗,密切联系群众》一文中强调共产党就是要奋斗,就是要全心全意为人民服务,不要半心半意或者三分之二的心三分之二的意为人民服务。1956 年 11 月 17 日,邓小平同志在会见国际青年代表团时也提出:"中国共产党的含义或任务,如果用概括的语言来说,只有两句话:全心全意为人民服务,一切以人民利益作为每位党员的最高准绳。"中国共产党最讲"为民",共产党员要时刻牢记权为民所赋、权为民所用。权力是党和人民赋予的,是为党和人民做事用的,只能用来为党分忧、为国干事、为民谋利。

道德品行更加高尚。德国古典哲学家康德有一句名言:

"有两种东西，我们越是时常反复地思索，越是在心中灌注了永远新鲜和不断增长的赞叹和敬畏：头上的星空和我心中的道德法则。"康德所说的"心中的道德法则"，就是对高尚道德的敬畏和赞许。道德问题是做人的首要的基本问题。"百行以德为首"讲的就是这个道理。中国共产党是执政党，道德也是从政的前提和基础。古人讲"做官先做人，做人先立德；德乃官之本，为官先修德"、"修其心治其身，而后可以为政于天下"，讲的就是这个道理。执政党的党员更应该有高尚的道德追求，不仅要以高于普通群众的道德标准来要求自己，更要用自己的模范行为和高尚人格感召群众，引领社会风尚，像习近平指出的那样：努力以道德的力量去赢得人心，凝聚力量，为事业发展和个人价值实现奠定坚实的人格基础。

党纪国法更加敬畏。党章规定：共产党员要自觉遵守党的纪律，模范遵守国家的法律法规。国有国法，党有党规。党纪国法是从政做人的底线，是不可逾越的红线，也是触碰不得的高压线，共产党员要有所畏有所惧，不仅要严格遵守国家法律，还要严格遵守党章等党内法规，党员领导干部更应该带头遵守党章的各项规矩，这样才会"常在河边走，就是不湿鞋"。

敢于担当更加自觉。敢于担当是我们党的优良作风和优秀品格。2014 年 2 月 7 日，习近平在索契接受俄罗斯电视台专访时表示，我的执政理念，概括起来说就是：为人民服务，担当起该担当的责任。党的执政使命要靠千千万万党员卓有成效的工作来完成，作为执政团队的一员，必须更加自觉地担起该担当的责任。

敢不敢担当、能不能担当，是考验党员和党员领导干部是否合格的最基本标准。平常时候看得出来、关键时刻站得出来、危急关头豁得出来，是共产党员和党员领导干部应有的担当和责任。如今我们正进入全面建成小康社会的决胜阶段，全面建成小康是党中央立下的军令状，在 2020 年全面建成小康社会，时间紧任务重，更加需要担当精神和品质。今天的共产党员，既要仰望星空——为共产主义的理想而奋斗，也要脚踏实地，做好本职工作，把完成现阶段任务作为最高理想和最终目标的实践过程，使远大理想在共产党人建成全面小康社会的生动实践中，迸发出巨大的精神动员力量。正如习近平在全国宣传思想工作会议指出的那样："党员、干部要坚定马克思主义、共产主义信仰，脚踏实地为实现党在现阶段的基本纲领而不懈努力，扎扎实实做好每一项工作，取得'接力赛'中我们这一棒的优异成绩。"

做践行党章的楷模

"木有本而枝茂，水有源而流长。"习近平指出，要通过学习，把党章融会贯通，做到学而懂、学而信、学而用。党章凝聚着中国共产党九十多年的不懈奋斗和苦难辉煌，传承了一代又一代共产党人的理想信念和价值追求；党章规定了党的理想信念宗旨、组织保障、行为规则和纪律约束，每一条都凝结着党的建设的历史经验，都凝练着共产党员的奋斗结晶，是木之本、水之源。

有无党章意识，党章意识有多强，首先取决于党员对党章内容的感知、理解程度之深浅。如果共产党员都不知晓党章，不尊崇党章，党就变成了无本之木、无源之水，这样的党是走不长、走不远的。党章是共产党员的第一课，承认党章是每一个入党者的先决条件；但承认并不等于精通，有些党员一知半解，有些党员甚至一窍不通。曾有培训班对相当层次的党员干部理解和认识党章的情况做过测试，结果不容乐观，一个班的平均成绩仅过 50 分，还有相当部分学员了解掌握肤浅。显而易见，这就出现了毛泽东指出的"有许多党员，在组织上入了党，思想上并没有完全入党，甚至完全没有入党"的现象，而要加强思想上入党，首要在学习党章。

　　作为一名共产党员，需要不断重温党章，加深对党章的认识和了解。要通过学习党章，既了解什么是党，什么是党的组织，又了解什么是共产党员，什么是党的干部，从而既增强党的意识和党员意识，又增强党章党规党纪意识，同时也提升道德境界和思想修养。第一，要系统领会，把握党章的核心要旨。必须全面准确理解党章的基本内容、基本规定和基本精神。古人讲，读书百遍，其义自现，又有云：温故而知新。要通过不断学习、全面通读党章内容，了解党章基本规定，把握党章基本精神。要逐条逐句通读党章，全面理解党的纲领，牢记入党誓词，牢记党的宗旨，牢记党员义务和权利，弄清楚该做什么、不该做什么，能做什么、不能做什么，把握共产党员为人做事的基准和底线。第二，要与时俱进，了解党章的最新内容。结合历次党的代表大会对党章的重大修改开展定期辅导，党校、干部学院也要加大对党章学习的培训力度。十八大对党章修改时，把党的重大实践成果、理论成果、制度成果作了充分体现，实现了党章的又一次与时俱进，需要通过学习加深理解。第三，要尊崇贯彻，维护党章的严肃权威。党员干部要做学习党章、遵守党章的模范。广大党员干部要把学习党章作为必修课，特别是走上新的领导岗位的同志要把学习党章作为第一课。各级党组织在全部活动中都要坚持引导广大党员、干部特别是领导干部自觉学习党章、遵守党章、贯彻党章、维护党章。

党章是全体党员同志举手宣誓为之共同奋斗的宣言，是每位共产党员的庄严承诺和立下的军令状，说到就要做到，承诺就要践诺。

全体党员和党组织要立践行权威，做学用表率。正如习近平所要求的那样："全党要牢固树立党章意识，真正把党章作为加强党性修养的根本标准，作为指导党的工作、党内活动、党的建设的根本依据，把党章各项规定落实到行动上、落实到各项事业中。"增强尊崇党章、维护党章，营造学习、遵守、贯彻、维护党章的良好风气，更加自觉地践行合格党员的标准。在日常生活实践中把党章的权威立起来，共产党员既做学习党章的表率，更做严格遵守党章各项规定、敢于和不遵守党章的行为做斗争的表率。党员领导干部要带头遵守党章各项规定。凡是党章规定党员必须做到的，党员领导干部要首先做到；凡是党章规定党员不能做的，党员领导干部要带头不做。同时，还要结合工作岗位，把党章的具体要求落实到日常工作实践中，落实到人生远大目标实现的征程中，坚定中国共产党实现民族复兴伟大使命的政治自觉。

03

自觉肩负实现中国梦的神圣使命

人类的美好理想，都不可能唾手可得，都离不开筚路蓝缕、手胼足胝的艰苦奋斗。当前，我们既面临着重要发展机遇，也面临着前所未有的困难和挑战。梦在前方，路在脚下。自胜者强，自强者胜。

党的十八届中央领导集体履新之际，在第一次以总书记身份亮相之时，习近平就明确表示：我们的责任，就是要团结带领全党全国各族人民，接过历史的接力棒，继续为民族复兴而努力奋斗，使中华民族更加坚强有力地自立于世界民族之林，为人类作出新的更大的贡献。"担当起该担当的责任""有多大担当才能干多大事业""庄严的使命激励着我们""把使命放在心上、把责任扛在肩上"，一连串铿锵的话语，彰显出当代共产党人的使命意识、历史担当。党的十八大以来，"期待"也一直是政治语汇中的关键词。"把人民的期待变成我们的行动""随时随刻倾听人民呼声、回应人民期待""把中央的要求与人民的期待紧密结合起来""人民在期待着我们，历史在期待着我们，世界在期待着我们"，一系列深情的话语背后，是党心民意的同频共振，是执政者的情怀担当，也是全体共产党员的共同追求。

使命催生动力

使命感是人内在的永恒核心动力。使命感，是人对一定社会一定时代，社会和国家赋予的使命的一种感知和认同。一个人的使命感越是强烈，那么他的人生希望也就越强烈，他的工作激情与生活热情越强烈，他的人生责任感也越强烈。有强烈使命感的人，是一种自觉的人，是一种奋斗的人，是一种百折不挠的人，是一种任劳任怨的人，是一种坚强不屈的人。

一个人，来到人世间，是有自己的责任与任务的。马克思曾经说过："作为一个确定的人，现实中的人，你就有规定，就有使命，就有任务，至于你是否意识到这点，那是无所谓的。这个任务是由于你的需要及其与现存世界的真实联系而产生的。"（《马克思恩格斯全集》第 3 卷，人民出版社 1960 年版，第 329 页）按照马克思的观点，每个人都有自己的使命，而且这种使命是客观存在的，不以人的意志为转移，无论你是否愿意接受，无论你是否意识到，是否感觉到它的真实存在。

做人就必须要有使命感。但遗憾的是，许多人意识不到自己应该肩负的使命。做一个人，必须要明白自己这一生，要承担怎样的使命？这些使命对于自己人生的意义是什么？人应该通过怎样的努力，以怎样的实际行动去实现自己的使命？如果有了这样的思考，就会形成一种认识。这种认识就是使命感。一个人就应该在这种使命感的指导下，完成自己的使命，实现人生的价值。一个有使命感的人，就会珍惜人生，珍惜生命，珍惜工作，珍惜生活，珍惜一切；相反，如果一个人缺乏使命感，那么他就缺少了做人的内在激情与动力。

人民有信仰，民族有希望；个体有担当，国家有力量。作为一名党员，更要有强烈的使命感。一名党员如果对客观存在的使命缺乏足够的认识，没有使命感，那么，他就不会真正懂得人生的意义与价值，不会承担起做一名党员该承担的责任与任务。一个人是如此，一个组织、一个团体、一个民族、一个国家更是如此。使命意识是民族文明进步的精神之本，使命意识是人民团结奋斗的力量之源，使命意识是中国共产党对自身存在目的和价值的深刻认识。

九十多年来，中国共产党砥砺前行，肩负历史所赋予的使命，不断成就伟业。我们党把来自人民、植根人民、服务人民作为党始终立于不败之地的根本，把全心全意为人民服务作为党的根本宗旨，作为指引、评价、检验党一切执政活动的最高标准，要求永远继续保持和发扬党紧密联系群众的优良作风，以改革创新精神全面推进党的建设的新的伟大工程，全面提高党的建设的科学化水平，这就立足中国国情并从新的高度阐明了马克思主义关于群众、政党、民族、国家关系的理论，为中国共产党完成使命奠定了最为坚实的基础。

一代人有一代人的使命。我们的队伍再庞大、事业再辉煌，都不能忘记为什么而出发。1922 年，12 名出席中共二大的代表，代表全国不足 200 名党员，向历史作出承诺："我们共产党不是空谈主义者，不是候补的革命者，乃是时时刻刻要站起来努力工作的党，乃是时时刻刻要站起来为无产阶级利益并努力工作的党。"现在，历史的接力棒传到了我们手上，一个曾经屈辱沉沦的伟大民族正奋发前行，亿万意气风发的人民在重绘着世界的版图。还有什么使命比这更让人胸怀激荡？

中国又到了发展的关键点

党的十八大以来，习近平反复强调"我们正在进行具有许多新的历史特点的伟大斗争"，彰显出这一届领导集体的责任与担当。

1962 年 1 月 30 日，毛泽东在扩大的中央工作会议上发表了一段催人奋进的讲话：

"从现在起，五十年内外到一百年内外，是世界上社会制度彻底变化的伟大时代，是一个翻天覆地的时代，是过去任何一个历史时代都不能比拟的。处在这样一个时代，我们必须准备进行同过去时代的斗争形式有着许多不同特点的伟大的斗争。为了这个事业，我们必须把马克思列宁主义的普遍真理同中国社会主义建设的具体实际、并且同今后世界革命的具体实际，尽可能好一些地结合起来，从实践中一步一步地认识斗争的客观规律。要准备着由于盲目性而遭受到许多的失败和挫折，从而取得经验，取得最后的胜利。"

五十多年过去了，中国人民在中国共产党领导下，不断探索中国特色社会主义，不但建立起独立完整的工业体系和国民经济体系，而且通过改革开放的伟大实践，在国内外

形势十分复杂、世界社会主义出现严重曲折的严峻考验面前
捍卫了中国特色社会主义。党依据新的实践确立了党的基本
纲领、基本经验，确立了社会主义市场经济体制的改革目标
和基本框架，确立了社会主义初级阶段的基本经济制度和分
配制度，开创了全面改革开放新局面，推进了党的建设新的
伟大工程，成功把中国特色社会主义推向 21 世纪。

　　习近平在主持第十八届中央政治局第一次集体学习时
讲到，以毛泽东同志为核心的党的第一代中央领导集体，
为新时期开创中国特色社会主义提供了宝贵经验、理论准
备、物质基础。以邓小平同志为核心的党的第二代中央领
导集体，成功开创了中国特色社会主义。以江泽民同志为
核心的党的第三代中央领导集体，成功把中国特色社会主
义推向 21 世纪。新世纪新阶段，以胡锦涛同志为总书记的
党中央，成功在新的历史起点上坚持和发展了中国特色社
会主义。现在，我们这一代共产党人的任务，就是继续把
这篇大文章写下去。我们要准确把握世界发展大势，准确
把握社会主义初级阶段基本国情，深入研究我国发展的阶
段性特征，及时总结党领导人民创造的新鲜经验，重点抓
住深化改革过程中碰到的经济社会发展重大问题，以更加
坚定的信念、更加顽强的努力，毫不动摇坚持、与时俱进

发展中国特色社会主义，实现中华民族的伟大复兴。

近些年来，中国在世界经济最困难的时刻，承担了拉动增长的重任。2009 年到 2011 年间，中国对世界经济增长的贡献率达到 50% 以上。即便是从世界经济史的角度看，中国三十多年的发展，可算"奇迹"。有人估算，发达国家历史上经济增长最快的时期，一个人终其一生实现的生活水平改善，英国只有 56%，美国大约为 1 倍，日本为 10 倍；而中国在三十多年的时间内，就让超过 10 亿人的生活水平提高了 16 倍。正如美国哥伦比亚大学经济学教授杰弗里·萨克斯所说，"在经济领域，中国是一个巨大的成功故事"。目前，中国经济增速虽有所放缓，但对世界经济增长的贡献率仍在 30% 以上，仍是世界经济重要的动力源。有学者认为，中国的增长贡献、贸易贡献、减贫贡献，可能是人类历史上这三十多年来最重要的发展成就。

但取得巨大成就的同时我们必须保持清醒。这是因为，中国还面临诸多矛盾叠加、风险隐患增多的严峻挑战。经济下行压力增大、人口红利逐渐消失、环境约束日益增强、产业升级阻力重重、传统优势不断削弱……这是因为，中国正在呈现"时空压缩"式发展的特征，我们一方面用三十多年时间走过了西方发达国家近 300 年所经历的历程，另一方面也把西方 300 年中不同阶段产生的矛盾问题，如部分地方、部分领域出现的农民失地、工人失业、社会失稳、结构失衡、生态失序，以压缩形式集中到同一时空中，使得矛盾问题更加复杂严峻。在经济学上，对于发展过程中的风险，有很多不同的描述：人口红利消失的"刘易斯拐点"，人均 GDP 4000 美元之后的"中等收入陷阱"，国际秩序变革中的"修昔底德困境"，甚至是与现代化转型伴生的"风险社会"。

这些风险挑战为何存在？不管是收入分配差距拉大、人力资本积累缓慢，还是城市化进程受阻、产业升级艰难、金融体系脆弱，根本原因在于，过往的发展方式已难以为继，而对这种发展方式的依赖还难以摆脱。三十多年的快速发展，把中国的"后发优势"发挥得淋漓尽致，然而站在更高起点上的中国，如果仍然对粗放发展方式过度依赖，"后发优势"就会转变为"后发劣势"，错过经济发展转型升级的最佳时间窗口。经济变速换挡、社会深刻转型的中国，探索的正是这样一个跨越各种陷阱的发展模式。

战略布局的渐次展开

自 2012 年 11 月 15 日党的十八届中央领导集体与中外

媒体见面，履职至今已有三年多的时间，在这三年多的时间里，新一届领导集体励精图治、奋发有为，在改革发展稳定、内政外交国防、治党治国治军等方方面面都有一系列新思路，新举措。这三年多来，新一届领导集体在治国理政方面不是零敲碎打，也不是修修补补，而是体现出了鲜明的整体思维、全面谋划和总体战略，逐步形成了一整套治国理政方略的顶层设计，循序渐进，有章有法。经过三年多来的发展，大家逐步可以看出一张非常清晰、明确的治国理政路线图，这就是"四个全面"战略布局。全面建成小康社会，全面深化改革，全面依法治国，全面从严治党，这"四个全面"是目标，也是纲领；是传承，也是开创。"四个全面"集中体现了党在新形势下治国理政的总布局、总方略、总纲领。

从"一个全面"到"两个全面"。2002年党的十六大报告提出了"一个全面"，即"全面建设惠及十几亿人口的更高水平的小康社会"。2007年党的十七大报告重申了这"一个全面"的奋斗目标，并且把"全面建设小康社会"改为"全面建成小康社会"。2012年党的十八大报告提出了"全面建成小康社会"和"全面深化改革开放"。"一个全面"扩展为"两个全面"。2013年十八届三中全会通过关于全面深化改革的决定，提出新形势下全面深化改革的总目标、路线图和时间表。

从"两个全面"到"三个全面"。2014年，党的十八届四中全会审议通过《关于全面推进依法治国若干重大问题的决定》。《决定》提出："全面建成小康社会、实现中华民族伟大复兴的中国梦，全面深化改革、完善和发展中国特色社会主义制度，提高党的执政能力和执政水平，必须全面推进依法治国。"这样，就把"两个全面"进一步扩展为"三个全面"。

从"三个全面"到"四个全面"。2014年10月8日，习近平在党的群众路线教育实践活动总结大会上提出了"全面推进从严治党"的任务，并就新形势下坚持从严治党提出了具体要求。2014年12月，习近平在江苏考察调研时指出："要全面贯彻党的十八大和十八届三中、四中全会精神，落实中央经济工作会议精神，主动把握和积极适应经济发展新常态，协调推进全面建成小康社会、全面深化改革、全面推进依法治国、全面从严治党，推动改革开放和社会主义现代化建设迈上新台阶。"这标志着"四个全面"正式提出。2015年2月2日，习近平在省部级主要领导干部学习贯彻十八届四中全会精神全面推进依法治国专题研讨班开班式的讲话中，首次把"四个全面"定位于党中央的战略布局。

通过以上的简单梳理，可以看出中央对"四个全面"的定位有一个发展过程。最初，"四个全面"是作为全面完成党的十八大提出的任务、要求以及当前党和国家事业发展中必须解决好的主要矛盾和问题提出来的。也就是说"四个全面"是从党的十八大以后的实践中得来的，并经党中央进行了整体设计和战略谋划而横空出世。习近平在十八届六中全会上指出：几年来，党的十八届三中、四中、五中全会相继就全面深化改革、全面依法治国、全面建成小康社会进行了专题研究，这次六中全会再以制定修订两个文件稿为重点专题研究全面从严治党，"四个全面"战略布局就都分别通过一次中央全会进行了研究和部署。这是党中央根据"四个全面"战略布局对全会议题的一个整体设计。

一个梦想　两个百年

中国共产党自诞生之日起就勇敢地担当起带领中国人民创造幸福生活、实现中华民族伟大复兴的历史使命。为了完成这个历史使命，一代又一代中国共产党人前赴后继，无数革命先烈献出宝贵生命。当代中国共产党人必须承担好这个历史使命，在中国共产党成立一百年时全面建成小康社会，在新中国成立一百年时建成富强、民主、文明、和谐的社会主义现代化国家。

2012年11月29日，习近平带领新领导集体成员参观《复兴之路》展览。看完这个展览之后，习近平感慨万千，用了富有诗意的"三天"表达心意。昨天是"雄关漫道真如铁"。这是毛主席《忆秦娥·娄山关》词的其中一句。下句是"而今迈步从头越"。什么意思？路漫漫，真如铁，前面的道路太曲折了，走得太艰难了。中国近代史，是一部艰难求索史，也是一部不懈奋斗史。我们这个民族在近代以来遭受苦难之深重，牺牲之巨大，在世界历史上都是罕见的。而我们的理想也的确是比铁更硬，我们依然咬紧牙关"从头越"，勇往直前，夺取革命胜利。今天正可谓"人间正道是沧桑"，中国道路奠基于从新中国成立到改革开放前这段时间对社会主义建设道路的实践探索。改革开放以来，党中央总结历史经验，不断地艰辛探索，终于找到了一条实现中华民族伟大复兴强国梦的正确道路。明天是"长风破浪会有时"。就是说我们大显身手，大展宏图实现理想的那一天终将到来。

"实现中华民族伟大复兴，就是中华民族近代以来最伟大的梦想。""实现中华民族伟大复兴的中国梦，就是要实现国家富强、民族振兴、人民幸福。"面对人民的信任和重托，面对新的历史条件和考验，全党必须增强使命意识，求真务实，艰苦奋斗，始终保持共产党人的政治本色。

自从"天朝上国"的昔日余晖沉入暗夜，中华民族在列强铁蹄下悲惨沉沦，无数中华儿女就在执着于这个梦，无数仁人志士把自己的梦融入了这个梦。然而，在那样的屈辱境地，大多数中国人不敢有自己的梦。当八国联军占领北京，北京的很多人家里有不少外国旗，哪国士兵上门就挂哪国旗，如此含垢忍辱过日子，何敢有自己的梦？20世纪初，爱国学子只能空自发出"奥运三问"，进步青年只能在小说中畅想中国举办万国博览会，革命先行者也只能在建国方略中规划"进藏铁路"……这一百七十多年来，正是无数先贤先烈把自己的梦融入中国梦，正是一代代人执着坚韧地接续中国梦，中国梦才有今日之荣光。

皮之不存，毛将焉附？中国梦与个人梦唇齿相依。中国梦连接过去与现在，历史与未来；连接大家与小家，国家与个人。中国梦来自中国心，是国家富强的梦，哪个中国人不希望祖国日益强大，不希望在祖国枝繁叶茂的大树下避风躲雨？中国梦源于民族情，是民族振兴的梦，血脉相连的炎黄子孙，哪个不期盼中华民族在世界民族之林中昂首自立，扬眉吐气？中国梦说到底是人民的梦，是人民幸福的梦，只有人民幸福，中国梦才绽放美丽、绽放精彩、绽放光辉！是的，中国梦就是我们每个中国人的梦。国家好、民族好，自己才会好。1932 年奥运会历史上第一次有了中国选手的身影，东北短跑名将刘长春拒绝代表日本扶植的伪满洲国参加奥运会，冒着被日本关东军一路追杀的危险逃到北平，在张学良将军资助下代表中国参加美国洛杉矶奥运会。76 年后，北京奥运会赛场上，中国选手创造了奖牌总数 100 枚的优异成绩，首次位居金牌榜第一位。金牌选手让国旗一次又一次在世界舞台上冉冉升起，国歌一次次凯旋奏响。从"一个人的奥林匹克"到全民支持和参与的北京奥运会。这是多么意味深长的跨越！在奥运选手身上，国家命运与个人命运的关系得到了多么深刻的诠释！

今天，当我们自由地规划自己的梦想，靠自己的能力去实现自己的梦想的时候，我们也不能忘记，曾有那么多有名无名的战士，为了同一个梦想，牺牲了他们宝贵的青春甚至是生命！民族独立梦，"两弹一星"梦、奥运世博梦、航天潜海梦……新中国成立六十多年，改革开放三十多年，我们的一个个梦想成为现实。今天的中国，民族复兴的梦想仍在继续，创业梦、宜居梦、小康梦，在个人梦想和国家梦想的交融互动中，世界东方升腾起激荡人心的中国梦，奏响一个伟大民族复兴的交响乐章。

今天的中国，有数以亿计的农村青年在城市打拼，为的是实现自己的"城市梦"；有数以百万计的中国人远渡重洋投资兴业，为的是圆自己的"跨国梦""世界梦"；大批创业致富的企业家在演讲中说"我赶上了好时候"；很多功成名就的明星人物在获奖时说"感谢这个伟大的时代！"汶川大地震的受灾群众可能做梦也想不到，仅仅三年时间，灾区废墟上就建起美丽的家园；千百万海外华侨华人因祖国的强大而充满自豪，当祖国同胞遭受自然灾害时慷慨解囊、倾力相助。新中国成立六十多年，改革开放三十多年来，我们能够改变自己的生活甚至命运，能够让自己的梦想次第绽放，亿万农民工能够在神州大地上自由流动，市场的生机活力在最贫穷的地方也能够崭露头角。不能忘记，这一切根本得益于对中国梦的追逐，得益于党带领人民在追逐中国梦的进程中，创造了发展传奇，使国家的经济实力、综合国力、国际影响力有了根本提升。

大踏步向前的中国，是一个充满活力的"梦工厂"。有人说，一个国家处于上升期的标志之一，是这个国家开始打造她的"造梦"能力，她的国民开始自信地谈论自己的梦想。对梦想的追逐，刻印下社会发展的脚步，也标注着历史前行的轨迹。2011年，姚明在退役发布会上感言："感谢这个伟大进步的时代，使我有机会去实现自己的梦想和价值。"今天，我们每个人未必像姚明那样尽情绽放梦想，但我们都有自己的梦，也都或多或少地实现着自己的梦。尽管我们的梦想实现未必尽如人意，有的人还在埋怨，收入还不够高，房子还不够大，工作还不够好，看病还不够方便；但与自己的过去相比，梦想的旅程都早已离开原点，梦想的花朵已然开始绽放。也许，执着于自己的梦想久了，我们可能忘记梦想生长的土壤。也许，有的人认为，自己梦想的实现，得益于自己的奋斗，这个时代、我们国家并没有直接为自己做过什么。然而，百余年前的中国人不敢有梦，百余年后的中国人都有自己的梦，其间的差别就在于中国梦。当中国梦没有绽放，个人的梦又谈何梦圆？从根本上说，我们每个人梦想生长的土壤，都深深植根于中国梦。我们每个人梦想的放飞，都有中国梦的逐梦辉煌历程相伴。有了中国梦的坚强支撑，我们才有了自己追梦筑梦的自由翱翔。我们追逐自己的梦，本身构成了中国梦的一块块基石。中国梦的建构，又为我们激越自己的梦想提供了广阔空间和舞台。当中国梦与个人梦同频共振，两者都会加速梦圆。

是的，我们的生活中还有些许不尽完善的地方，发展起来的问题一点不比不发展带来的问题少。但是中国的发展进步带给每个中国人的，是新的希望、新的梦想。正如习近平总书记说的那样："生活在我们伟大祖国和伟大时代的中国人民，共同享有人生出彩的机会，共同享有梦想成真的机会，共同享有同祖国和时代一起成长与进步的机会。有梦想，有机会，有奋斗，一切美好的东西都能够创造出来。"

三大举措　四个贯通

"中国已经进入全面建成小康社会的决定性阶段。实现这个目标是实现中华民族伟大复兴中国梦的关键一步。"2014年6月，习近平第一次把全面小康放在中国梦的大格局中，把全面小康目标升华成民族复兴的重要里程碑。"我们的人民热爱生活，期盼有更好的教育、更稳定的工作、更满意的收入、更可靠的社会保障、更高水平的医疗卫生服务、更舒适的居住条件、更优美的环境，期盼孩子们能成长得更好、工作得更好、生活得更好。人民对美好生活的向往，就是我们的奋斗目标。"这也是对中国全面建成小康社会的一个最通俗、最接地气，能为大家所记得住的描述。

全面深化改革：构建支撑中国梦的现代化治理体系。党的十八届三中全会明确了改革的目标：完善和发展中国特色社会主义制度，推进治理体系和治理能力的现代化。习近平指出，"不是推进一个领域改革，也不是推进几个领域改革，而是推进所有领域改革，就是从国家治理体系和治理能力的总体角度考虑的"，"这项工程极为宏大，必须是全面的系统的改革和改进，是各领域改革和改进的联动和集成，在国家治理体系和治理能力现代化上形成总体效应、取得总体效果。"

全面依法治国：提供实现中国梦的有力保障。谈到依法治国，习近平引经据典："国无常强，无常弱。奉法者强则国强，奉法者弱则国弱。"改革和法治，是两个轮子，是姊妹篇，改革为全面建成小康社会提供动力，法治为全面建成小康社会提供保障。我们要实现党的十八大和十八届三中全会作出的一系列战略部署，全面建成小康社会、实现中华民族伟大复兴的中国梦，全面深化改革、完善和发展中国特色社会主义制度，就必须在全面推进依法治国上作出总体部署、采取切实措施、迈出坚实步伐。

全面从严治党：锻造实现中国梦的坚强领导核心。"法与时转则治，治与世宜则有功"。党的十八届六中全会对全面从严治党的理论和实践创新成果进行了集纳，并深入分析新形势下党的建设面临的新情况新问题，直面当前党内政治生活和党内监督存在的突出问题，聚焦党员领导干部特别是高级干部这个"关键少数"，形成了新的制度安排，实现了党内政治生活和党内监督制度化、规范化、程序化，为推进全面从严治党，提高党的创造力凝聚力战斗力提供了更加有力的制度保障。全党同志要更加紧密地团结在以习近平同志为核心的党中央周围，一心一意谋发展，聚精会神抓党建，继续打好党风建设这场硬仗，以好的作风保障党和国家各项工作顺利开展，为实现"两个一百年"奋斗目标、实现中华民族伟大复兴的中国梦而不懈奋斗。历史使命越光荣，奋斗目标越宏伟，执政环境越复杂，我们就越要增强忧患意识，越要从严治党，做到"为之于未有，治之于未乱"，使我们党永远立于不败之地。全党同志必须在思想上真正明确，党的执政地位和领导地位并不是自然而然就能长期保持下去的，不管党、不抓党就有可能出问题甚至出大问题，结果不只是党的事业不能成功，还有亡党亡国的危险。

习近平指出，在"四个全面"战略布局中，每一个"全面"都具有重大战略意义。其中，全面建成小康社会是

"战略目标"，而全面深化改革、全面依法治国、全面从严治党，则是三大"战略举措"。从四者的关系来看，只有全面深化改革，才可能在政治、经济、文化、社会、生态文明五个领域齐头并进，突破利益的樊篱，挖掘社会的潜力，刷新体制机制；而在这一过程中，只有按照法治的方式治国、办事，才可能为改革提供长久的保障，保证航向不偏离、成果能固化；要达到这些目标，作为领导这一进程的中坚力量，中国共产党必须做到上下一心、团结有力。因此，重塑政治生态、强化政治规矩，就成为迫在眉睫、也利于长远的重大部署。一个大目标，三个推进器，相辅相成、相互促进、相得益彰，缺一不可。不全面深化改革，发展就缺少动力，社会就没有活力；不全面依法治国，国家生活和社会生活就不能有序运行，就难以实现社会和谐稳定；不全面从严治党，党就做不到"打铁还需自身硬"，也就难以发挥好领导核心作用。也就是说，全面建成小康社会必须由全面深化改革来提供动力、激发活力，必须由全面依法治国来提供引领、规范、保障作用，必须由全面从严治党来提供政治保证、思想保证、组织保证、作风保证。

"四个全面"承接了党的最高纲领与最低纲领，承接了"两个一百年"奋斗目标和实现中华民族伟大复兴中国梦。

实现"四个全面"是我们党的阶段性目标和远大目标的逻辑展开。其中，全面建成小康社会在"四个全面"布局中具有极为重要的战略地位。要准确把握从党的十八大到二十大这十年间我们的历史定位和历史任务。这个阶段是一个承上启下的阶段，"承上"是要完成全面建成小康社会的任务，"启下"是要全面开启现代化的新征程。在这个关键的历史时期，我们党不仅要率领人民完成第一个一百年的伟大任务，而且还要率领中国人民开启现代化的新征程，基本实现现代化，完成第二个一百年的伟大目标。从这个角度来理解，"四个全面"与实现中国梦目标具有深刻的内在逻辑关系，即全面建成小康社会是实现中国梦的基石、全面深化改革是实现中国梦的动力、全面依法治国是实现中国梦的保障、全面从严治党是实现中国梦的关键。"全面建成小康社会"契合了中国梦的本质，是中国梦的初步目标和第一阶梯。

党的十八大以来，以习近平同志为核心的党中央紧密围绕坚持和发展中国特色社会主义，不断探索，勇于创新，形成了一系列治国理政新理念新思想新战略。这些新理念新思想新战略，高瞻远瞩，在更高层次上体现了治标与治本、制度与法治、治国与治党、中国与世界等的逻辑贯通，为在新历史条件下深化改革开放、加快推进社会主义现代化提供了科学理论指导和行动指南。

一是治标与治本的贯通。坚持标本兼治，更加重视治本，是党的十八大后新一届中央领导集体破解各种难题的鲜明取向。标本兼治、重在治本，也是全面从严治党的重要取向。**二是制度与法治的贯通**。党的十八大闭幕后不久，习近平多次论述全面建成小康社会、全面深化改革与制度建设的关系。党的十八届三中全会决议突出了制度在全面深化改革中的地位和分量。决议提出，全面深化改革的总目标是坚持和发展中国特色社会主义制度，推进国家治理体系和治理能力现代化，推进国家治理体系和治理能力现代化既包括制度方面的内容，也包括法治方面的要求，贯穿其中的是对国家治理过程中规则、程序及其执行能力的重视。**三是治国与治党的贯通**。一手抓制度、一手抓法治，这既体现在治国理政上，也体现在党的自身建设上。纵观党的十八大以来习近平有关制度治党和依规治党的论述，有五方面内容值得高度重视。第一，用制度治党管权治吏；第二，制定科学合理的制度体系；第三，更加严格执行各项规章制度；第四，注重党规同国法的衔接和协调；第五，思想建设与制度治党有机结合。**四是中国与世界的贯通**。党的十八大以来，习近平多次指出，中国要永远做一个学习的大国，要以海纳百川的胸怀、开放包容的心态，学习人类创造的一切文明成果，推动中国和世界发展得更好。以开放促改革，在相当程度上也要吸收借鉴各国治理的有益经验和成功做法。在主张积极吸收借鉴各国治国理政经验的同时，习近平始终强调，学习借鉴不等于是简单的拿来主义，必须坚持以我为主、为我所用，认真鉴别、合理吸收，不能搞"全盘西化"，不能搞"全面移植"，不能照搬照抄。特别是在根本道路、基本制度、党的领导、指导思想等方面，更加注意防止和克服"西化"、"分化"的危险，绝不能囫囵吞枣、邯郸学步。

五大理念　六项工作

坚持创新发展、协调发展、绿色发展、开放发展、共享发展，是关系我国发展全局的一场深刻变革。党的十八届五中全会提出五大发展理念，凝聚着新中国几代建设者对经济社会发展规律的深入思考，为全面建成小康社会、向着第一个百年奋斗目标迈进，提供了新的理念导航。

发展是一个不断变化的进程，发展环境不会一成不变，发展条件不会一成不变，发展理念自然也不会一成不变。可以说，任何人类实践都是由一定的发展理念来引领和推动的，科学的发展理念能动地指导发展实践，错误的发展理念必然导致现实的困境。因此，发展理念是否对头，从根本上决定着发展的成效乃至成败。当前，实现全面建成小康社会目标，我们面临的问题更复杂、发展的任务更艰巨，这主要表现在"五个突出"：发展动力不足问题突出，发展不协调问题突出，资源环境约束问题突出，对外开放总体水平不高问题突出，共建共享不够问题突出。创新、协调、绿色、开放、共享这五大发展理念，正是为了破解这五个方面的突出问题提出来的，具有极强的现实针对性。其中，创新发展注重的是解决发展动力问题，着眼于培育经济发展新常态下经济增长的新动力；协调发展注重的是解决发展不平衡问题，着眼于增强发展的均衡性、协调性；绿色发展注重的是解决人与自然和谐问题，着眼于增强发展的可持续性；开放发展注重的是解决发展内外联动问题，着眼于用好国际国内两个市场、两种资源；共享发展注重的是解决社会公平正义问题，着眼于体现社会主义的本质要求和发展的根本目的。

五大发展理念是对全面小康社会认识的深化，是全面建成小康社会决胜阶段的基本遵循。只有切实把五大发展理念转化为发展实践，我们才能如期全面建成小康社会。只有坚持创新发展，才能避免动力衰退、低水平循环的"平庸之路"；坚持协调发展，才能避免畸轻畸重、顾此失彼的"失衡之路"；坚持绿色发展，才能避免资源枯竭、环境恶化的"透支之路"；坚持开放发展，才能避免画地为牢、自我设限的"封闭之路"；坚持共享发展，才能避免贫富分化、社会动荡的"风险之路"。2016年1月，习近平在重庆调研时强调，全党同志要把思想和行动统一到新的发展理念上来，崇尚创新、注重协调、倡导绿色、厚植开放、推进共享。这为我们实现"十三五"良好开局、确保如期全面建成小康社会提供了思想指引，更向全党全社会发出了实践动员令。

围绕五大发展理念，我们下一步的任务是什么？一是稳定和完善宏观经济政策，保持经济运行在合理区间。加强供给侧结构性改革，增强持续增长动力。围绕解决重点领域的突出矛盾和问题，加快破除体制机制障碍，以供给侧结构性改革提高供给体系的质量和效率，进一步激发市场活力和社会创造力。二是协调好经济与社会、速度和效益、公有和私有、先富和共富、供给与需求、物质和精神等多方面发展的关系。三是加大环境治理力度，推动绿色发展。治理污染、保护环境，事关人民群众健康和可持续发展，必须强力推进，下决心走出一条经济发展与环境改善双赢之路。四是推进新一轮高水平对外开放，着力实现合作共赢。面对国际经济合作和竞争格局的深刻变化，顺应国内经济提质增效升级的迫切需要，要坚定不移扩大对外开放，在开放中增强发展新动能、增添改革新动力、增创竞争新优势。五是切实保障改善民生，加强社会建设。为政之道，民生为本。每个党员干部都要念之再三、铭之肺腑，多谋民生之利，多解民生之忧。财政收入增长虽放缓，但该给群众办的实事一件也不能少。六是加强政府自身建设，提高施政能力和服务水平。重任千钧惟担当。每个党员在具体工作中都要深入贯彻落实新发展理念，把全面建成小康社会使命扛在肩上，把万家忧乐放在心头，为建设人民满意的法治政府、创新政府、廉洁政府和服务型政府贡献出自己的一份力量。

空谈误国，实干兴邦。使命始于行动，实干成就伟业。决胜全面小康的历史大幕已经拉开，冲刺第一个百年目标的使命落在我们肩上。三年多来的治国理政新实践，开创治国理政新境界，激励我们以必胜的信心、昂扬的斗志、扎实的努力投身这场新的历史进军，"不负重托，不辱使命"。

党员的历史使命

"一诺犹重，黄金贱于白圭。"既受命于民，共产党人的使命意识时刻不能忘记，就应无私无畏地做一名无愧于时代、无愧于人民的忠诚出色的"信使"。使命是一种重大责任。无数革命先烈，如黄继光、董存瑞、邱少云、雷锋、焦裕禄、孔繁森、郑培民等许多共产党人为了实践党和人民赋予的使命付出了自己的鲜血和生命，赢得了我们今天幸福安定的生活。离开对使命的敬畏、忠诚与献身精神，任何再理想再伟大的目标也不过是空中楼阁。

习近平指出："功崇惟志，业广惟勤。"我们仍处于并将长期处于社会主义初级阶段，实现中国梦，创造全体人民更加美好的生活，任重而道远，需要我们每一个人继续付出辛勤劳动和艰苦努力。

假如你是一名工人，"创造性劳动"就是当代工人的使命。"工人阶级要用自己的模范行动来带动全国人民建设社会主义！"这是工业战线排头兵马恒昌当年向全国职工发出的倡议。"宁可少活二十年，拼命也要拿下大油田。"这是铁人王进喜生前为甩掉"中国贫油"帽子喊出的豪迈誓言。"我们用事实证明：中国的码头工人不比别人差，别人能干的，我们也能干，别人不能干的，我们照样能干！"这是当代"金牌工人"许振超向全世界发出的中国最强音。如果说"劳动光荣"是表彰当代工人的荣誉，那么，"创造伟大"则诠释着当代工人的价值。全国劳模、宝钢股份热轧厂高级技师王军便是"创造性劳动"的典范。他从一名普通的岗位辅助工成长为创新专家，堪称当代工人的楷模。"创造性劳动"不止是靠激情、靠运气、靠蛮干，而是要以扎实的学识和技能为其逻辑支点的。作为宝钢热轧厂技术革新的领军人物，王军从1996年到2004年，经过8年的艰苦努力，获得同济大学"机械设计制造与自动化"专业的本科学历。此外，他还通过自学，掌握了英语、计算机、动态模拟仿真、电脑辅助设计等专业知识，成了熟悉电脑软硬件知识的行家里手，使得自己的一系列创造性劳动有了足够的资本。如果说，"辛勤劳动"是苦干，"诚实劳动"是实干，那么"创造性劳动"就是一种巧干。这种巧干，在具体的生产实践中能取得事半功倍的经济效益。王军和他的创新团队一起，已经拥有679项专利，三年创经济效益超8亿元。

假如你是一名人民教师，应在人类灵魂岗位上做到"经师"和"人师"的统一，既要精于"授业""解惑"，更要以"传道"为责任，把"千教万教教人成真，千育万育育做真人"的使命落实到每一天，落实到工作的每一个环节之中。有这样一位普通的乡村教师，他是位病人，双腿股骨头坏死，随时都有瘫痪的危险；他是一个常人，有长期患病的妻子和尚未懂事的女儿，还有年事已高的双亲；但他更是一名光荣的人民教师，10 多年来，不顾自己的疾病，抱着对事业执着的追求，用心关爱着每一位学生，书写出了自己光彩的人生，也铸就了教育工作者伟大的灵魂。他就是荣获"全国优秀教师"光荣称号的江苏省大丰市万盈镇中心小学的孙进老师。为了事业，为了学生，他忘记了自己的病痛，因担心住院治疗会影响孩子们的学业，他经常是拄着拐杖走上讲台。为了事业，为了学生，孙进每年都牺牲和家人团聚的时间陪学校的留守儿童过中秋节，而对自己的父母，只是让镇邮递员捎上一包月饼，再打上一个问候电话。每天放学后，他总是先为孩子们烧好饭菜，等孩子们吃完后他再吃，却难得陪多年患病的妻子吃一顿饭。孙进，一位平凡而又伟大的乡村教师，用无私的爱点亮了三尺讲台，谱写出了教育战线上一曲动人的奉献之歌。"一个人遇到好老师是人生的幸运，一个学校拥有好老师是学校的光荣，一个民族源源不断涌现出一批又一批好老师则是民族的希望。"好老师心中要有国家和民族，要明确意识到肩负的国家使命和社会责任。我们的文明之所以能够源远流长几千年，关键就在于一代又一代教师的薪火相传。燃烧自己，照亮他人，在传道授业解惑中，我们完成了文明的交接和文化的赓续。

假如你是一名军人，就要为使命而生、为使命而战。如果说中国梦是强国梦，那么对军队来说，这个梦就是强军梦。在电视剧《亮剑》中，八路军团长李云龙有句让无数军人为之沸腾的话：古代剑客和高手狭路相逢，假定这个对手是天下第一的剑客，你明知不敌，也要亮剑。即使倒下，也要成为一座山，一道岭。这就是亮剑精神。是的，在军人的字典里没有和平年代的语句，只有铸剑和亮剑两种状态，战争是流血的政治，是敌我双方你死我活的较量。军队因战争而存在，军人因打赢而光荣！今天，在和平鸽飞过的天空，在车水马龙的繁华都市，战争的硝烟渐行渐远。人们渴望和平，期冀安宁。但作为军队，作为军人，不能忘记战争，不能弱化战斗精神，要时刻居安思危，警惕忘战必危，听党指挥、铸牢军魂，敢打仗、能打仗、打胜仗。牢固树立战斗队思想，践行"有灵魂、有本事、有血性、有品德"，发扬一不怕苦、二不怕死的战斗精神，以英勇顽强的战斗意志强化军人的使命。

假如你是一名法官，要始终铭记忠于法律、严格司法，让老百姓在每件司法案件中都体会到公平正义，是法官的天职，明察秋毫、去伪存真是法官的义务，惩恶扬善、匡扶正义就是法官的使命。头顶国徽，身着法袍，无不彰显着法官的威严，也足见法官在公平正义、安定有序的社会环境中所起的重要作用。"活生生的正义"——这是著名哲学家亚里士多德对法官给予的生动定义。法官始终是人们心中掌管着正义的"神"。法官是法律的化身，是正义的使者。"要让人民群众在每一个司法案件中都感受到公平正义。"作为实现法治中国梦的参与者、推进者，定纷止争是法官的责任，公平正义是法官的追求，廉洁奉公是法官的信念。

浙江省湖州市南浔区人民法院审判员贾建平，是一位从事少年审判工作的优秀法官。为了关心失足的孩子，她在大年三十晚上鞭炮响起本应全家团聚的时刻丢开了家人，冒雪给孤独地躺在医院治疗的失足少年送团圆饭；为了挽救失足的孩子，贾建平拖着积水的膝盖和伤痛的腿不知疲倦地奔波于学校、社区和乡间的路上，调查、走访、做思想工作；为了减少未成年犯罪，防患于未然，十多年来贾建平先后与数十所学校共建德育基地，兼任多所学校的法制副校长、校外辅导员，为多所学校上过法制教育课，受教学生、老师、家长多达十万余人。为了用爱心救赎这些失足少年，贾建平自创圆桌审判方法，以平等的态度对待当事人；自创附在严肃的判决书后面的法官后语，通过剖析少年犯的成长轨迹、个性特点，给被告人今后的改造和漫长的人生道路予以正确的启迪、指引；自建帮教网络和帮教基金；开通"法官妈妈"热线，给所有需要咨询和帮助的人提供方便……作为一个手握审判权的法官，她时刻将责任放在心头，时刻牢记责任重于泰山，在自己的岗位上尽职尽责，展现了一位人民法官的本色。积极践行社会主义法治理念，不放弃任何挽救失足未成年人的机会，让每个家庭都和谐幸福，是贾建平的使命与追求。正是凭着为民服务的宗旨意识和对审判事业的满腔热忱，贾建平以其恪尽职守和无私奉献，以其平实的事迹折射出了审判事业的熠熠光辉，于细微处见精神，于平凡中显崇高！

假如你是一名医生，就要在救死扶伤的崇高职业生涯中彰显责任和使命。医生的价值，只有在努力治好病人时，才能得到完全体现。获得中国青年科学家奖的解放军总医院的王岩说："医生必须要有仁者之心、慈爱之情。我热爱医生这个职业，每当我的患者康复，走出了医院，我就有一种成就感，什么工作中的恩恩怨怨，什么生活中的别别扭扭，都随患者的康复而去。医生是个在拯救病患者中拯救自己灵魂的高尚职业。我最大的愿望就是做一名合格的医生，做一名好医生，把病人看好。医生的职责是治病救人，为每个患者投入多少精力，要根据病情的需要，而不是看身份和地位。什么是医德，为患者着想，就是医德！只要为患者着想，就能想出办法。"获得 2015 年度"最美医生"荣誉称号的华中科技大学同济医学院姚尚龙医生从 1996 年开始参与"中华健康快车"公益事业，在全国各地留下帮扶足迹。2001 年，他率先在湖北开展贫困县心脏病患儿减免计划，共有 4912 名贫困县心脏病患儿得到救治。2011 年，他带队支援新疆，半个月行程数千公里进行义诊手术，带来"新式剖宫产"等 14 项新技术。十几年间，他对口支援近百家医院，覆盖受益人群 3000 多万，帮助十几万因病致贫、因病返贫的家庭重新走上了小康的阳光大道。四川省甘孜藏族自治州德格县上燃姑乡卫生院的占玛泽仁，在收入不足 1000 元的偏僻山乡独自坚守 40 年。他没有存款，把自己所有的工资、补贴和奖金全都用在百姓的身上，看病不收一分钱。他上山采药、自己制药，为当地百姓建立了近 4 万斤的药材储备，光是这些药材按市场价就是数百万元。他没有房子、没有结婚，医院就是他的家，患者就是他的亲人。40 年间，他共接生过七十多个孩子、所有病历均有详尽记录……他们没有轰轰烈烈的壮举，没有舍生取义的豪迈，有的只是平凡的点点滴滴，但却如此强烈地震撼着我们每一个人的心灵！

假如你是一名青年党员，共圆中国梦，当好民族复兴的排头兵就是青年的使命。中国梦就是中华民族伟大复兴之梦，这是每一个中国人共同的梦想，更是当代青年党员最现实、最美好、最光荣同时又是最艰巨的历史使命。95年前，十几位青年勇立时代潮头，组织成立了中国共产党，为中华民族的伟大复兴准备了领导力量。95年后的今天，与他们当时年龄相仿的当代青年无疑是幸运的一代，将见证"两个一百年"的奋斗目标成为现实。"士不可以不弘毅，任重而道远。"回溯实现中国梦的奋斗历程，九十多年来，每一个历史时期，青年党员始终都走在民族复兴事业的前列，担当排头兵。革命战争年代，青年党员苦苦求索，选择了社会主义道路，为实现中华民族翻身解放、当家作主的梦探明了根本方向。社会主义建设时期，青年党员自力更生，艰苦创业，积极投身社会主义建设的伟大实践，推动中国建立了较完整的工业体系，为实现中国梦奠定了基本的物质基础和社会制度基础。改革开放时期，青年党员解放思想，开拓创新，坚持改革开放，不断开辟更为广阔的中国特色社会主义道路，全面构筑新时期的中国梦，推动中国走向世界。前人为寻求、构筑和实现中国梦指明了方向，夯实了基础，拓展了道路，圆好中国梦的重任就历史地落在了新一代青年党员的身上。全面建成小康社会的美好蓝图靠我们年轻一代人一幅一幅编织，祖国和平统一大业需我们年轻一代人去努力推动，完善社会主义市场经济体制靠我们年轻一代人贡献力量和智慧，抢占世界科学技术高峰靠我们年轻一代人领头攀登，实现民族复兴中国梦的目标靠我们年轻一代人带头参与。习近平对青年寄予厚望："中国梦是我们的，更是你们青年一代的。中华民族伟大复兴终将在广大青年的接力奋斗中变为现实。""同人民一起奋斗，青春才能亮丽；同人民一起前进，青春才能昂扬；同人民一起梦想，青春才能无悔。""当代中国青年要在感悟时代、紧跟时代中珍惜韶华，自觉按照党和人民的要求锤炼自己、提高自己，做到志存高远、德才并重、情理兼修、勇于开拓，在火热的青春中放飞人生梦想，在拼搏的青春中成就事业华章。"只有树立高远的志向，把个人的奋斗与国家的前途、民族的命运、人民的幸福结合在一起，才能在实现中国梦的伟大实践中创造自己的出彩人生。

04

始终守住党纪党规的基本底线

只要能守住做人、处事、用权、交友的底线，就能守住党和人民交给自己的政治责任，守住自己的政治生命线，守住正确的人生价值观。

近年来，一段网络视频引起轩然大波："国家规定是狗屁""我就不讲法""谁提意见开除谁"……这雷人雷语，出自山西古交市客运管理办公室某领导之口。雷语出口不久此人已被开除党籍，行政撤职处分。其"任性"，着实令人瞠目。这也再次表明，中央要求把纪律和规矩摆到更加重要的位置，是必须的，不可有丝毫松懈。

没有规矩，不成方圆

古人云："理国要道，在于公平正直。""法令行则国治，法令弛则国乱。""明法者强，慢法者弱。""欲知平直，则必准绳；欲知方圆，则必规矩。"这些话验证了守纪律、讲规矩的生命力。中国共产党将守规矩作为增强党性的要求。党性修养的一个根本目的在于让全党同志能够在思想上和行动上保持统一，形成全党的战斗力。这是马克思主义政党的一个非常重要的特征：全体党员和党的各个组成部分都在统一意志、统一行动和统一纪律下面，团结起来，成为有组织的整体。

中国共产党早在建党初期就强调纪律，强调我们是一个革命党，不是一个松散的学术团体。我们党的纪律，是我们由小到大，由弱到强的一个重要保证。我们为什么有力量，一个重要原因就是我们有规矩，有铁的纪律。早在1941年中共中央通过的《中央关于增强党性的决定》中提出：没有这样坚强统一的、集中的党，便不能应付革命过程中长期残酷复杂的斗争，便不能实现我们所担负的伟大历史任务。今天，巩固党的团结统一主要工作是要求全党，尤其是党员干部更加增强党性，个人利益服从于全党的利益，个别党的组成部分的利益服从于全党的利益，使全党团结得坚如磐石，坚不可摧。

习近平在总结我们党的历史经验时，特别强调规矩的重要性。西柏坡是革命圣地，1948年9月，中央政治局在这里召开扩大会议,中心议题是"军队向前进,生产长一寸,加强纪律性",强调要建立请示报告制度,党的下级组织的代表大会、委员会及代表会议的重要决议,必须呈报党的上级组织批准以后方准执行;各级党的领导机关,必须将不同意见的争论,及时地、真实地向上级报告,其中重要的争论必须报告中央。会议还强调要继续克服某种程度上存在着的成分不纯、思想不纯、作风不纯的不良现象。正是这项制度的建立和执行,有力推进了党的作风和纪律建设,为全党统一意志、统一行动提供了有力保证。

习近平到西柏坡调研时,在当年中央政治局开会的屋子里与大家座谈:"就拿我们现在开会的这间屋子来说,意义就非同寻常。这里是立规矩的地方。党的规矩的建立和执行,有力推动了党的作风建设和纪律建设。"如果无产阶级先锋队的政党失去了纪律的武器,就等于自动放弃了战斗力。

党的十八大以来全面从严治党是从讲规矩入手的。2012年12月4日,中央政治局开会审议关于改进工作作风、密切联系群众的"八项规定",习近平指出:新一届中央领导集体要定规矩。"定规矩,就要落实一些已经有明确规范的事情，就要约束一些不合规范的事情，就要规范一些没有规范的事情。"他强调，制定这方面的规矩，指导思想就是从严要求，体现党要管党、从严治党。他说：规矩是起约束作用的，所以要紧一点。紧一点自然就不舒服了，舒适度就有问题了。就是要不舒服一点、不自在一点。我们不舒服一点、不自在一点，老百姓的舒适度就好一点、满意度就高一点，对我们的感觉就好一点。这也是新形象新气象。所以，从某种意义上也可以说，党的十八大以来，中央树立新形象、开创新气象，就是从立规矩、抓规矩开始的。

人不以规矩则废，党不以规矩则乱。党内规矩是党的宝贵财富，是党在发展中逐渐形成保留下来的，对于党员尤其是领导干部来说，是必须自觉遵循的规矩。如果不遵循这些规矩，就是党性不强的表现。从 2013 年 5 月制定《中国共产党党内法规制定条例》《中国共产党党内法规和规范性文件备案规定》，到 2013 年 8 月对党内法规制度进行集中清理、决定废止和宣布失效一批党内法规和文件，再到 2013 年 11 月发布《中央党内法规制定工作五年规划纲要（2013—2017 年）》、2013 年 12 月公布《党政机关厉行节约反对浪费条例》，三年多来，党内法规制度建设大事不断，而且件件都注意抓落实，充分体现了新一届党中央依章管党、依规治党的坚定意志，也有力展示出我们党推进执政党建设、加强依法执政的铿锵步伐。

那么，我们党的规矩包括哪些内容呢？习近平指出，我们党在长期实践中形成的优良传统和工作惯例，也是重要的党内规矩。纪律是成文的规矩，一些未明文列入纪律的规矩是不成文的纪律；纪律是刚性的规矩，一些未明文列入纪律的规矩是自我约束的纪律。不成文的规矩，往往是成文的规定纪律之前的防线。破坏不成文的规矩继续发展下去，就是破坏成文的纪律。

不成文的规矩主要有三个特点：一是党的优良传统或者工作习惯是在长期的革命和建设工作过程中形成的，是经过了长期实践检验并形成的优良传统或者工作习惯；二是行之有效，传统或者习惯的形成是有它的合理性和实践基础的，那些无效的被淘汰掉了，有效的、管用的被保留了下来，指导和约束我们的事业，对党的建设和党的工作行之有效；三是约定俗成，党内同志在工作实践中有共识，有共同的遵循，对同类事和同类人均依此办理，约束后来的事和人。

党纪面前不能有"潜规则"

党内"潜规则"是与党内规章制度的明规则背道而驰，却被少数不怀好意的党员认同。潜规则是对党的规矩的破坏。比如，有的领导干部迷恋手中权力，大搞"人治"，丈量别人的"纪律尺子"时长时短，对人讲马克思主义，对己搞个人自由主义。还有的领导干部没有心存戒律，信奉纪律面前领导说了算，"不求百姓拍手，只求领导点头"。在选拔任用干部方面，"不跑不送，原地不动；只跑不送，平级调动；又跑又送，提拔使用"，就是一定市场的潜规则。在为人处世方面，一些人讲究这样一种哲学：官场中人不能太露锋芒，做事不能求圆满，要留有余地。批评和自我批评是党的优良传统和作风，然而在一些地方却变了味儿。在一些基层党组织民主生活会上，"自我批评摆情况、相互批评提希望""对上级放'礼炮'、对同级放'哑炮'、对自己放'空炮'"等现象屡见不鲜。有的党员干部信奉"你不批我，我不批你；你若批我，我必批你"，大搞好人主义，有的行马屁之能事，甚至假借批评为名行吹捧之实："书记其他方面样样都好，就是不注意劳逸结合。"如此等等。

更为严重的是，潜规则一旦与歪风邪气相结合，还会冲击公平公正的社会良好氛围，不但会打击同志们的工作积极性，还会激起群众公愤。例如有的领导讲奉献、做工作的时候让群众冲在前头，有好处、分配利益的时候，就身边几个人悄悄"分享"，干活的永远是那些人，得好处的永远是另一些人。有的领导完全根据个人喜好，心里将群众划分为我的人和不是我的人，大搞圈子文化，不敢在台面上讲规则。更有甚者，道德败坏，将流氓习气带到党内和工作中来了。不顾群众在背后戳脊梁骨，想尽办法中饱私囊，什么都敢收，有的还贪图美色，大搞权色交易，或胁迫索取或者欣然接受下属的性贿赂。完全丧失做人做事的底线，污染了工作环境，败坏了党的形象，是我们事业的叛徒！对于这些违反党的纪律和规矩的害群之马，必须剥夺他们手中的权力，将他们从党员队伍中清除出去，不严惩不足以平民愤！

党的纪律与"潜规则"，两者势如水火。如果"潜规则"盛行，那么党的纪律底线必然会被突破。潜规则之所以滋生是因为有着特定的土壤，例如一些地方"老实人容易吃亏""按规矩办事吃亏"等说法得到一些人认同，并为想要玩小聪明、动小脑筋、占小便宜的少数党员干部所喜爱，逐渐形成党内潜规则。还有些领导干部自身"不干净"，在广大党员面前没有严于律己，没能做到守纪律、讲规矩的表率。一个地方的党组织如果"班长"不守纪律、不讲规矩，纪律就是纸上制度，很难执行下去。有的党员干部刻意迎合领导，没有严以修身，没有坚定理想信念，对党纪没有敬畏之心，崇尚"领导至上""权力至上"。比如说有些人搞"团团伙伙"的潜规则，搞封建式的人身依附关系，就是把对党的忠诚搞成了对某个领导干部的忠诚。党内潜规则的要害，是一个"潜"字，是一种游离于正式规则以外并与正式规则相悖、约定俗成、非正式的暗规则，其最大特点是只可意会、不可言传，只做不说、无影无踪。这些潜规则虽摆不上台面、见不得阳光，但却像一只无形的手调节着部分党内关系，成为实际左右一些党员干部言行的"指挥棒"，一定范围里如果有谁不照此行事，就会四处碰壁。

潜规则所造成的后果必然就是淘汰正式制度。党内潜规则如同"雾霾"一样，侵蚀党员干部的思想意识和行为把控，污染着党内政治生态环境，已成为执政党的"沉疴毒瘤"。我们必须深刻认识潜规则给执政党建设带来的严重危害，决不可对党内盛行的潜规则视而不见、麻木不仁，甚至盲目迷恋。

不讲规矩的潜规则要不得。这些年，我们出台了不少制度规定，但在党风党纪上还存在很多问题。除了有潜规则滋生的土壤，还一个重要问题是讲"认真"不够，就是强调守规矩意识不够。世界上怕就怕"认真"二字，共产党就最讲"认真"。"天下之事，不难于立法，而难于法之必行。"要把"认真"作为干部管理工作的一条重要原则，强化干部讲规矩意识。有些干部连一些基本规矩都不讲，毫无制度意识、毫无敬畏之心，缺乏为官做人的起码底线，口无遮拦，随心所欲，什么话都敢说，什么事都敢干。要加强教育引导，认真查处违规违纪行为，使干部懂规矩、守规矩。"大节不可失，小节不可纵。"对干部身上出现的苗头性和倾向性问题一定要及时"咬咬耳朵"，"扯扯袖子"，早提醒，早纠正，不能哄着、护着，让小毛病演化成大问题。对于犯了错误的干部，一定要依法依规严加惩处，发挥党纪"治病救人惩前毖后"的作用。

立明规则，破潜规则。2014年5月，习近平在河南省兰考县指导兰考县委常委班子专题民主生活会并发表重要讲话。在讲话中，习近平明确提出了用明规则击破潜规则。他强调，"立明规则，破潜规则，必须在党内形成弘扬正气的大气候。大气候不形成，小气候自然就会成气候"。"破除潜规则，根本之策是强化明规则，以正压邪，让潜规则在党内以及社会上失去土壤、失去通道、失去市场。全党上下，任何一级组织、任何一名党员和干部都要严格遵守党的组织制度和党的法规纪律，对党忠诚，光明磊落，公道正派"。有部分老党员已经感受到现今入党的"由易变难"。以前入党的时候就是写一份入党申请书，表现好一点就可以了，或者是工作时间年限够了，应该入党了，就写一份申请书上交。但是现在变得"有点困难"。对入党资格条件考虑得更加全面，要对入党积极分子的各方面进行综合考察。入党积极分子必须脚踏实地好好干才能有入党机会。凡事都按照规则去做，不搞潜规则，才能让党的发展更加规范，才能让广大的青年党员、有上进心的党员看到希望、受到鼓舞。

在平常工作中，让"潜规则"成为"老鼠过街，人人喊打"，务必在监督上做文章。一是完善党内监督机制细节，形成一个制约和监督权力的闭环，强化公共权力之外的社会监督、民众监督和舆论监督；二是加大党务公开力度，建立符合实际的党务公开运行机制和制度保障机制，切实把党务公开纳入各级党组织日常工作的重要日程，做到经常化、制度化、规范化；三是强化党员评价实效，健全党内批评制度、民主评议党员制度等，使每一个党员都有充分的便利和保证，可以及时、无所顾忌地批评上级机关和领导工作中的错误和缺失。通过强有力的监督管理，让党的纪律和规矩的阳光普照每个角落，使"潜规则"无所遁形、不攻自破或一攻就破。

把纪律挺在前面

"党纪严于国法"，是党的十八大以来的一个新提法。这个提法一经出现，便引起网友的热烈讨论。不少人认为，"党纪严于国法"有把党纪凌驾于国法之上的嫌疑。真的如此吗？让我们一起梳理一下，党规党纪为何要比国法更严？

习近平在中国共产党第十八届中纪委五次全会上的讲话中提出，领导干部违纪往往是从破坏规矩开始的。规矩不能立起来、严起来，很多问题就会慢慢产生出来。很多事实都证明了这一点。讲规矩是对党员、干部党性的重要考验，是对党员、干部对党忠诚度的重要检验。不少腐败分子的忏悔录，常能发现一个共同点：违纪违法多从破坏规矩开始。收一条烟、拿一次红包、批一回条子、打一个招呼，看似不起眼的"第一次"，已经埋下了腐化堕落的种子。《中国纪检监察》杂志通过对媒体的公开报道整理发现，落马官员在陈述自己的堕落原因时，"信仰""纪律""底线"等词汇的出现率达到95%以上。在日常生活中，也有不少党员干部认同"只要干实事，有点小贪污没关系""当官本来就是为了发财"等错误观点。也就是说，在一些党员干部心目中，违反党纪并不是一件多么严重的事。国家发展和改革委员会原副主任刘铁男便是如此。他明明在通过家人大搞权钱交易，内心的安全底线却是"充其量也就是违纪"。刘铁男在受审时悔悟，称如果按照党的纪律严格要求，也不会犯法。南京市原市长季建业在接受组织调查时写下了"万言悔过书"，说："我头上缺少党纪国法这根高压线，忘记了为人为官的底线。"季建业说的"为人为官底线"，其实就是守纪律、讲规矩这条底线。

在强调规矩意识的时候，习近平引用了一个犯罪心理学的重要概念——"破窗效应"。就是说，一间房屋如果窗户破了，没有人去修补，隔不久，其他窗户也会莫名其妙地被人打破；一面墙，如果出现一些涂鸦没有人管，很快就会涂满一些不堪入目的东西；一个很干净的地方，人们不好意思丢垃圾，一旦有人丢了垃圾没人管，马上就会有人不断往这里丢。如果党的政治纪律成了摆设，就会形成"破窗效应"，使党的章程、原则、制度、部署丧失严肃性和权威性，党就会沦为各取所需、自行其是的"私人俱乐部"。党的各级组织要自觉担负起执行和维护政治纪律的责任，加强对党员遵守政治纪律的教育。对大是大非问题要有坚定立场，对背离党性的言行要有鲜明态度，不能听之任之、置身事外。"破窗效应"揭示出一个规律，任何坏事，如果在开始时没有阻拦掉，形成风气，改也改不掉，就好像河堤，一个小缺口没有及时修补，可以崩坝，造成千百万倍的损失，所谓"千里之堤，溃于蚁穴"。对于党员、干部来说，党和法律的规矩破不得，内心的防线破不得，一旦松了口、破了戒，在势如洪水的诱惑下，就会酿成"一失足成千古恨"的悲剧。

党对党员的要求应该高于群众的期待。古今中外，众多组织的内部章程和规则都比国家法律要严格。中国共产党是中国工人阶级的先锋队、中国人民和中华民族的先锋队。共产党员理所当然应该接受比普通人更严格的约束。而法律则是底线要求，是社会中每个人都需要接受的行为准则。我们党对党员干部的高要求是理所当然的。国家法律是公民的底线，党的纪律是党员的底线，两者不是一个概念、不能混同。如果纪法不分，把公民都不能破的法律底线写到执政党的纪律里，党的各级组织、党员都退守到法律底线上，就降低了党员的行为标准，弱化了党作为政治组织的先进性。在实践中，也会导致法在纪前，把违纪当成"小节"，党员不违法就没人管、不追究，造成"要么是好同志、要么是阶下囚"。

2015 年陕西城固县某村村主任马某，为给独子办个像样的婚礼，向纪委报备酒席数量未获通过后，他辞去村主任职务。"哪怕这个村主任不当，也要把儿子的婚礼搞起来。"随后该村村委会召开了一次特别会议。在街道办纪委有关工作人员主持下，全村党员和相关村干部，对马某辞去村主任职务为独子违规超规格操办婚宴一事，进行了反省。城固县纪委已经对马某作出党内严重警告的处分决定。给这样的处分是不是太严了？还有中共党员用自己的合法收入购买豪车、名表，会不会受到党纪处分？中央纪委有关负责同志在接受中央纪委监察部网站访谈时明确表示，这些人的行为，明显超出了当地正常生活消费水平，也破坏了群众心目中党员应当是社会主义新风尚和社会主义荣辱观带头践行者的良好形象。对这样处理私生活的党员，党组织不能不管、不能不予过问。

对于我们党对党员干部的要求高出了国家法律的规定表示不理解的人，可以重温一下我们党的历史上的耿飚之问。耿飚是位老一辈的革命家，当年与杨得志、罗瑞卿共同领导的"杨罗耿兵团"，曾经横扫千军。耿飚的回忆录中少讲他的金戈铁马，少写他的赫赫战功，却说了"一件非常痛心的事"：那是 1991 年，已经从工作位置上退下来的耿飚同志，重返半世纪前战斗过的陕甘宁边区陇东某县。晚饭后，他住的招待所外忽然人声鼎沸，黑压压来了一群要"告状"的老百姓，诉说他们对一些县乡干部的不满。这个县干群关系的恶化，让耿飚感到震惊与痛心。耿飚随后召集省地县的干部作了一次谈话，他没有直接批评、责备当地官员，而是给他们讲了一件往事。50 年前，耿飚任副旅长的 129 师 385 旅就驻扎在这里，一名战士严重损害了当地群众的利益，旅部决定按纪律枪毙他。老百姓知道了，也是黑压压来了一大群人，为这个违纪的战士求情。耿飚对父老乡亲们说，纪律是必须执行的，于是老百姓都跪下了，哭着说共产党都是好人，希望能饶了这名战士。耿飚反复说明八路军的军纪，可老百姓一个也不起来，最后，耿飚只得流泪接受了群众的请求。故事说完了，耿飚激动地大声问道："现在，我要问问今天在座的你们，不管哪一个，如果犯了事，老百姓还会替你们求情吗?"耿飚一问惊人，全场顿时鸦雀无声……

我们党和群众关系最密切的时期，恰恰就是我们党纪对党员干部严格要求的时候。党纪严于国法体现了党的政治生态正常化。党的十八届四中全会指出："党规党纪严于国家法律，党的各级组织和广大党员干部不仅要模范遵守国家法律，而且要按照党规党纪以更高标准严格要求自己。"中纪委监察部网站"学思悟践"栏目刊文指出，从严治党就是要把权力关进笼子里，把篱笆扎得更紧，党纪的笼子肯定要比国家法律的笼子眼儿更小、标准更严。

综览近几年有关方面对官员贪腐案件的情况通报可以发现，党规党纪的严肃性不仅体现在党中央的鲜明态度中，更体现在对党员干部的实际约束力上，涉及政治纪律、组织纪律、生活纪律及作风建设等各个方面。比如，改革开放以后，随着中国经济的快速发展和人民生活水平的不断提高，普通公民的因私出境人数大幅度增加，而且个人申请和出国（境）渠道越来越通畅。但《中国共产党纪律处分条例》第 77 条规定，违反有关规定办理因私出国（境），情节较轻的，给予警告或者严重警告处分；情节较重的，给予留党察看处分。由此可见，党纪严于国法，因为党员违法必先违纪。

研读一些党内规定也能发现，国家法律所规定的一些公民权利，在党的纪律中却被定为禁止性的义务规范。比如，2014年中共中央组织部有关文件规定，"裸官"不得在五类岗位任职，各省区市据此展开了"裸官"整治和调岗专项行动。迁徙自由虽然是公民权利，但是鉴于"裸官"的贪腐风险，党规党纪作出了在国籍、国外长期居留证和因私护照使用方面严于法律的规定。

在党内政治生活实践中一些党纪规定已经跟不上法治进程，因而要加快实现党规党纪与法律法规的有机衔接。2015年新修订的纪律处分条例的一个重要特点就是，凡是法律已有明确规定的，党规党纪就应不再重复。总之，对于每位党员、干部来说，都要自觉接受国家法律和党规党纪的双重约束。牢固树立"党纪严于国法"的意识，让"党纪严于国法"成为一个常识、一种共识。具体来说，每位党员、干部都要严格要求自己遵守党纪、遵守国法，恪守党员本分，不干出格事，不讲出格话，始终保持党员的先进性。

党员行为的"负面清单"

党内法规体系有道德高线和纪律底线之分，党规党纪不仅体现着党的理想信念宗旨，还是管党治党的尺子。其中纪律处分条例以惩戒的形式规定了党员行为的负面清单，被称为带电的高压线。

突出政治纪律：在思想和行动上与中央保持一致。政治纪律是党的各级组织和全体党员在政治方向、政治立场、政治言论、政治行为方面必须遵守的规矩，是维护党的团结统一的根本保证。守住纪律底线，首要的就是守住政治纪律底线。习近平在十八届中央纪委二次全会上强调："遵守党的政治纪律，最核心的，就是坚持党的领导，坚持党的基本理论、基本路线、基本纲领、基本经验、基本要求，同党中央保持高度一致，自觉维护中央权威。在指导思想和路线方针政策以及关系全局的重大原则问题上，全党必须在思想上政治上行动上同党中央保持高度一致。"

言论违纪主要针对的是什么问题？现在有一种现象，在一些公开场合，有些党员干部口无遮拦，想说什么就说什么，造成的影响很不好。有的党员干部有意见在党的会议上不说，当面不说而背后乱说。这种现象应该引起我们的警觉。纪律处分条例也给出了这个方面明确的负面清单。据《中国纪检监察报》报道，央视某主持人用调侃的方式损害老一辈党和国家领导人形象的视频在网上流传后，国家新闻出版广电总局临时机关党委、机关纪委认为这是严重违反政治纪律的行为，责成央视机关纪委严肃处理。纪律处分条例明确规定，丑化党和国家形象，或者诋毁、诬蔑党和国家领导人，或者歪曲党史、军史的，应给予党纪处分。

网络空间也不是法外之地。在网络时代，互联网上任何言论的发布和传播，都必须遵守国家法律法规，任何人利用网络传播违法信息，都要受到依法处置，都应被坚决制止。至于党员应该有更高要求，党员的网上言行，还应接受党的纪律与规矩的检验。目前在网络上，有人好出风头，某些大V，只要他敢谩骂，他似乎就超越普通人的权利了，他能享有法外自由，甚至会被某些人刻意奉为"英雄"；他只要指着体制指着政府反对，就会得到某些人、某些力量的刻意追捧。甚至有些党员也加入这一队伍之中。作为一名党员，必须明白哪些事能做，哪些事不能做，自觉按法规、按纪律办事。任何公开发表的与党的路线方针政策不一致的言论，不论在互联网上，还是其他媒体上，都是党的纪律所不允许的。

是不是只要不公开或者不在网络上发表不当言论，就不会受到纪律处分了呢？这种侥幸心理千万不能有！实际生活中，公开和私下的场合是很难分开的。比如在一些非公开或者私人的场合讲了一些个人观点，被人录音或者录像上传到网络，怎么办呢？如果造成了不好的影响，也必须接受处分。尤其是在当下，微博、微信等社交媒体较为普及的时代，这些社交工具都是公共信息的发布平台。因此，党员平时无论是公开还是私下场合都要注意约束自己的言行。

那么，言论违纪会不会与党员的民主权利相冲突，造成过度紧张呢？党章规定，党员有在党的会议和党报党刊上讨论党的政策的权利，但是在党外，党员是不能够宣传和中央不一致的言论的。例如，某学者无视自己的党员身份，居然在微博上评论大中学生的课程中是否应该设置邓小平理论、毛泽东思想等课程，认为执政后为什么要学革命理论呢？这就不能认为是简单的理论研讨了，而是带有宣传性质的违纪言论。

要做到严守政治纪律要求就需要党员必须不断地提高思想觉悟，时刻绷紧政治纪律这根弦。纪律处分条例规定，党员不但不能在公开场合发表这些违纪言论，而且也不能助长这些言论的传播。凡是制作、贩卖、传播违反政治纪律的书刊、音像制品、电子读物、网络音频视频资料等，包括私自携带、寄递都是违纪行为。如果邀请别人来做报告，被邀请人讲了一些不合适的言论，主办方也是要负相关的责任的。出入国境的时候，要注意自己的携带物品是否合适。

党员除了不能参加反党组织、邪教，参与反党或者没有经过批准的集会、游行以外，还要注意必须自觉维护党的集中统一，对党忠诚老实，不要参与到"团团伙伙"中去，拉帮结派。部分干部片面地认为，现在竞争这么激烈，有人帮忙或者关照的话，仕途会顺利一些。如果完全置身"圈"外，很可能被排挤、边缘化。俗话说"物以类聚，人以群分"，由此不难想象拉帮结派的"圈子文化"有其滋生的丰厚土壤。或许是个别干部深刻领会了"一根筷子"和"一把筷子"质的差别，于是心存私利的"筷子"们不断前来吸附权力，致使这把"筷子"的规模也不断扩大。随着"圈子"的扩张，其私欲和利益必然会膨胀，造成的恶果是"圈子"外群众利益的被牺牲，社会和国家的利益也会受到损害。如果任其恶性发展下去，就会使党纪国法遭到漠视或践踏，这样的"圈子"越多，我们党和政府在群众中的形象就会越差，党和国家的根基就会动摇。不得对抗组织调查是这次新修改的条例中在政治纪律方面出现的新的条文。过去对抗组织调查，是罪加一等，现在已经明确地将其作为一条单独的政治纪律提出来，主要是针对一些干部在刚刚被调查时，总以为只要精心设计、巧妙掩盖，就能瞒天过海、逃避法网。不得对抗组织调查作为严肃的政治纪律提出，就是为了彻底杜绝这部分人的侥幸心理，即使你做得天衣无缝，没有其他直接证据证明违纪，但是只要发现你有对抗组织调查的行为就可以给予纪律处理，根据纪律处分条例规定，情节严重的可以给予开除党籍处分。

除了对组织忠诚，还要对党的信仰忠诚。这次条例把搞迷信活动也作为政治纪律提了出来。这主要是因为近年来，在查处的腐败官员中，搞封建迷信的不在少数，小至科级、处级，大到省部级官员，有拜"大师"的，有信阴阳信风水的，滥用职权进行封建迷信活动，大肆贪赃枉法，造成国家财政资金巨额损失……形形色色，令人匪夷所思、瞠目结舌，极大地破坏了党的先进形象。一些经过党培养多年成长起来的干部，却轻易地相信那些"巫师""神棍"，理想信念缺失是最根本的原因。一个党员，共产主义理想、马列主义信念不强，心灵就空虚，腐朽没落的东西就会乘虚而入。

牢记党员身份：保持对党和国家的忠诚。"党的力量来自组织，组织能使力量倍增。"严明的组织纪律是我们党坚强有力的保障，是对党员干部行为的严格约束，更是对党员干部敢于担当、敢于作为的组织保障。《中国共产党纪律处分条例》（简称《纪律处分条例》）对违反组织纪律的处分共有17条，分别从领导制度、决策制度、干部选拔制度、党员权利保障以及党组织生活制度等方面作出详细规定。这些规定对防止个人专权、保护党员正当权益、净化干部成长环境起到了保障作用，为党员干部勇于作为、敢于担当消除了后顾之忧。

党员必须摆正党员与组织的关系。党章中关于党员与组织的关系在民主集中制中有明确的规定。凡是违背民主集中制原则，不执行组织决定，不服从组织分配调动交流决定、不尊重组织工作的原则和程序、不尊重党员的民主权利等行为，都是触犯组织纪律的行为。在这里尤其需要指出的是，党员是没有资格与党讨价还价的。毋庸讳言，在党的组织原则里，从来都不反对党员为坚持真理而保留自己的意见。但这不是一些人为了个人私利和所谓"自由"抗拒组织决定的理由。曾有群众感叹，20世纪五六十年代的共产党员，服从组织绝无二心，对待工作不讲条件，就像脑门上贴着标签，一眼能认出；现在则有些困难了。此言令人深思。当年"革命需要我去烧木炭，我就去做张思德；革命需要我去堵枪眼，我就去做黄继光"；如今在一些党员眼里，当年的价值追求在今天已经"过时"，昔日的激情也渐渐淡忘。代之而起的，是组织观念的淡薄，是"讨价还价"的增多。改革开放、市场经济，打破了原有的资源配置方式，改变了传统的组织管理模式，对党内生活带来了不小冲击。对此，《纪律处分条例》在组织纪律中明确规定，拒不执行党组织分配、调动、交流等决定的，将给予党纪处分。

共产党员在组织纪律方面，还必须强化党的意识，在党爱党、在党为党、在党忧党。任何时候都与党同心同德，在组织面前不隐瞒自己，言行一致、表里如一，对党讲真话、讲实话、讲心里话。在这方面，绝不允许用个人的隐私权利来对抗组织纪律的要求。党员是有着特殊政治使命、受到严格组织约束的公民，入了党就意味着主动放弃一部分普通公民享有的权利和自由，就要在政治上讲忠诚、组织上讲服从、行动上讲纪律。组织纪律中还设置了领导干部不得违规参加老乡会、同学会、战友会的规定。主要是防止身份特殊、掌握一定的国家公权力的领导干部，把公权力的影响不适当地带入到私人的社会交往中。对党组织忠诚和对国家的忠诚是一致的。《纪律处分条例》还规定了党员不得违规取得外国国籍或者国（境）外永久居留资格，因私护照的取得和使用必须遵守组织纪律。

正确处理公私关系：树立正确的利益观。廉洁纪律是党组织和党员在从事公务活动或其他与行使职权有关的活动中，应当遵守的廉洁用权的行为规则，是实现干部清正、政府清廉、政治清明的重要保障。正确处理公私关系，树立正确的利益观是廉洁纪律的核心要求。在这方面对领导干部的要求更高，《纪律处分条例》第八章"对违反廉洁纪律行为的处分"，对党员干部特别是领导干部以权谋私的违纪行为作出了处分规定。

什么是以权谋私？权力是人民赋予的，要为人民用好权，让权力在阳光下运行。严以用权，就是要坚持用权为民，按规则、按制度行使权力，把权力关进制度的笼子里，任何时候都不搞特权、不以权谋私。党员领导干部在这方面尤其要洁身自好，不可大意。当官发财两条道，当官就不要发财，发财就不要当官。党员尤其是党员领导干部要严以律己、清正廉洁，耐得住寂寞、经得起诱惑，永葆共产党人的政治本色。新版的《纪律处分条例》关于以权谋私的规定，将旧版的"利用职务上的便利"改为"利用职权或者职务上的影响"，为他人谋取利益，本人的配偶、子女及其配偶亲属和其他特定关系人收受对方财物。这实际上是扩大了以权谋私的认定范围，因为职务或权力具有一定的辐射性和覆盖性，在社会交往中虽然有时候未必是职权上的直接关系，但是不经意之间的影响力，一旦被有些人利用，也会造成难以估量的后果。以权谋私的形式是多样的，纪律处分条例中禁止的不仅有权财交易，还包括权权交易、权色交易等。

这次《纪律处分条例》在廉洁纪律方面的一个重要特点是吸收了"八项规定"精神等方面的内容，比如违规收受礼品；违规操办婚丧喜庆事宜；可能影响公正执行公务的公款宴请、旅游等；违规获得运动健身卡、会所和俱乐部会员卡、高尔夫球卡等各种消费卡，或者违规出入私人会所、情节严重的，以及在工作待遇方面违纪等。《纪律处分条例》将党的十八大以来落实中央"八项规定"精神、反对"四风"方面的要求，转化为纪律条文，充分说明作风建设不是一阵风。

《纪律处分条例》明确了违规从事营利活动等违反廉洁纪律的行为，比如党员领导干部的配偶、子女及其配偶，违反有关规定在该党员领导干部管辖的区域或业务范围内从事可能影响其公正执行公务的经营活动、违规兼职、离退休后涉嫌利益冲突的行为，以及家庭成员违规经商等，并对处分情形作了明确规定。条例还规定了违规从事营利活动的五种情形。例如违规炒股，除了条例规定的四种人不能炒股以外，还要注意有违规炒股的行为也是禁止的。《纪律处分条例》划出了敢闯敢干、敢于用权与懒做滥为、贪污腐败的明确界限，既强调严肃处理违反廉洁纪律的各种行为，又鼓励党员干部敢于对事业负责、敢于用权。在底线之上，党员干部有充分施展才华、追求进步、实现抱负的空间和机会。

牢记党的宗旨：践行群众路线。党的群众纪律，是处理党组织、党员与群众关系所必须遵循的原则和要求。我们党最大的危险就是脱离群众，最容易犯的错误也是脱离群众，党的群众纪律是我们党区别于其他执政党的本质特征，是我们党立于不败之地的根本保证。《纪律处分条例》总结了违反群众纪律的各种行为，对党员干部如何服务群众、维护群众利益作出刚性规定，把我们党的根本宗旨用纪律约束的形式表述出来，为广大党员干部坚持党的群众路线划出了纪律底线。

《纪律处分条例》第九章"对违反群众纪律行为的处分",对破坏党同人民群众血肉联系的违纪行为作出处分规定,明确提出超标准、超范围向群众筹资筹劳,在办理涉及群众事务时故意刁难、吃拿卡要,在社会保障、政策扶持、救灾救济款物分配等事项中优亲厚友、显失公平等侵害群众利益行为的违纪条款;还增加了不按规定公开党务、政务、厂务、村(居)务等侵犯群众知情权行为的违纪条款。

《纪律处分条例》还设置了党员关于对待群众的态度不正确必须受到处分的条款。除了侵害群众利益的行为必须严惩以外,漠视群众利益的行为也是党纪所不容许的。《纪律处分条例》明确了"漠视群众利益"等违反群众纪律的行为,比如"涉及群众生产、生活等利益的问题依照政策或者有关规定能解决而不及时解决,对符合政策的群众诉求消极应付、推诿扯皮,对待群众态度恶劣、简单粗暴等漠视群众利益"等,并对处分情形作了明确规定。不仅如此,还规定党员在遇到国家财产和群众生命财产受到严重威胁的时候,能救而不救的,情节严重的也必须受到处分。

2016年4月,一则标题为"女生深夜遭遇劫持"的帖子刷爆网络,当事人表示,自己于4月3日晚上11点在某酒店，遭遇陌生男子尾随及强行拖拽，险遭劫持。根据上传的监控视频显示，一名酒店保安在她呼救后赶到旁边，全程在场但未有动作，后来一名女房客拉住她的手，才未被拖入楼道，随着围观者增多，欲实施劫持的男子逃走。假如"和颐酒店女生遇袭"事件发生时，有一名或数名中国共产党党员就在现场，他（们）是否可以对暴行听之任之、对呼救无动于衷呢？党纪不允许党员"能救而不救"、做一名袖手旁观的"看客"，正所谓"党的先进性和纯洁性要靠千千万万党员的先进性和纯洁性来体现"——平常时候看得出来、关键时刻站得出来、危急关头豁得出来。比如宁夏吴忠市某领导在下乡检查工作过程中，面对因避车而不慎落水的小姑娘，没能及时组织有效施救导致其溺亡，最终受到撤销党内职务的党纪处分。临危不救若是发生在普通人身上，只是品德问题，最多会受到群众和舆论的谴责，但对于一名党员干部来讲，是丧失人民公仆意识的表现，对党的形象会造成严重影响。因此，应当受到党纪的处分。

能救而不救，主要应当把握在当时具体情况下，行为人是否具备施救的能力或条件，结合实际做出综合判断。以不会游泳的党员遇到落水群众为例，如果该党员在现场采取报警、组织他人施救或者以其他措施帮助救人的，即便没有入水搭救，也应予以肯定，不存在违纪问题；如果该党员有条件提供必要帮助而没有提供，既不呼救，也不用随身携带的手机报警，甚至在他人请求帮助的情况下仍置之不理、扬长而去的，党组织应当对该党员进行批评教育或者组织处理，情节较重的就应依照规定给予处分。

坚决执行工作纪律：强化责任意识与法治思维。工作纪律是党组织和党员在党的各项具体工作中必须遵循的行为规则，是党组织和党员依规开展各项工作的重要保证。工作纪律是一把刚性的尺子，并不是可有可无的"小规矩"。抓工作纪律、守工作规矩，是作风建设的题中应有之义，来不得半点马虎。

《纪律处分条例》中的"工作纪律"是指党的各级组织和全体党员在党的各项具体工作中必须遵守的行为规则，是党的各项工作正常开展的重要保证。党的工作内容十分丰富，包括纪律检查工作、组织工作、宣传工作、群众工作、统一战线工作等，《纪律处分条例》所列工作纪律是管党治党的工作纪律，并不是平常所说的迟到、早退等工作纪律。"对违反工作纪律行为的处分"也特指对管

党治党失职渎职行为作出的处分规定,《纪律处分条例》
对"党组织失职行为、滥用职权和玩忽职守行为、失泄密
行为、违反外事工作纪律"等违反工作纪律的行为作出明
确的处分规定,特别是对党组织不履行全面从严治党主体
责任或者履行不力的行为作出处分规定。全面从严治党主
体责任能不能真正落实,关乎党的生死存亡,关乎国家和
民族的前途命运。然而,当前在履行全面从严治党主体责
任方面还存在一些不容忽视的问题。比如,有的党委(党
组)依然没有把管党治党当作分内之事,以为开开会、讲
讲话、签个责任书就可以交差了;有的不敢担当、不愿负
责,对党员干部身上存在的问题视而不见,不管不问,等
等。从严治党,必须增强管党治党意识、落实管党治党责
任。无数事实证明,不明确责任,不落实责任,不追究责
任,从严治党就落不到实处。全面从严治党,就是要从宽、
松、软到严、紧、硬。所以,新修订的《纪律处分条例》
把党中央全面从严治党取得的实践成果固化下来,把全面
从严治党的"要求"转化为"党内法规条文",成为刚性
规定。

工作纪律强调的第二个方面是法治意识。党的十八大
明确提出法治是中国共产党治国理政的基本方式。条例强

调了对违法失信行为的约束和惩戒，增加违规干预和插手市场经济活动，违规干预和插手司法活动、执纪执法活动，泄露、扩散或者窃取涉密资料等违纪条款。

养成良好生活作风：弘扬优良传统与美德。生活纪律是党员在日常生活和社会交往中应当遵守的行为规则，涉及党员个人品德、家庭美德、社会公德等各个方面，关系党的形象。中国共产党代表着中国先进生产力的发展要求、中国先进文化的前进方向、中国最广大人民的根本利益。对党员和党的干部来说，不仅要有明确的法律底线、纪律底线和政策底线，而且还必须坚守人民群众心中的道德底线。

《纪律处分条例》第126条明确规定，"生活奢靡、贪图享乐、追求低级趣味，造成不良影响"属于违反生活纪律的行为。有人可能会有疑问，为什么普通人和那些公众人物可以在日常生活中不受限制，可以大操大办婚丧嫁娶等事，可以出入私人会所，可以无节制消费，党员就不可以呢？很简单，党员不同于普通群众，思想上"上台阶"，身份上才能"过门槛"。要求党员的思想觉悟比普通群众高，这是由党的先进性决定的，选择加入党这个先锋队，就要在思想上、行为标准上对自己要求更严更高，就要在权利和自由上有所舍弃，这是一名共产党员应有的政治觉悟和道德追求。

生活纪律条文不多，规定的似乎也都是"小事"。但是实际上，小事不小。人民在历史中为什么选择共产党？一方面是因为党代表了人民的利益，另一方面是因为党和人民同甘共苦，作风好。解放战争时期，很多人都知道，上海解放那一夜，为了不扰民，解放军入城战士是睡在马路边上的，有照片为证，这一幕印刻在了老百姓的心里，最终转化成了群众对我们人民军队和党的拥护。当前我们党面临"四大危险"、"四种考验"。党面临的形势越复杂、肩负的任务越艰巨，就越要弘扬艰苦奋斗的精神，越要反对贪图享乐、骄奢淫逸的思想，坚持"吃苦在前，享受在后"。所以谁在破坏我们党艰苦朴素的形象，谁就在破坏我们党的执政合法性基础，必须加以严惩。曾经引起社会舆论极大关注的"表哥"、"房叔"、因不雅视频被查的官员以及抽天价烟的官员，抛开他们接受调查背后存在的诸多违纪贪腐事实，仅就其贪图奢靡、享乐引发热议，对党造成不良影响而论，就应当根据情节轻重给予警告直至开除党籍处分。

更何况，所谓的小事处理不好，那就可能出大问题。

很多出问题的领导干部，有一个共同的特点，就是不拘生活小节，追求生活享受，上私人会所，吃山珍海味，包二奶、养情妇，甚至染上赌博、吸毒等恶习，最终一步步堕入违法犯罪的深渊。

不少党员干部可能还会有疑问：用自己的合法所得购买名牌用品也算违纪吗？自费邀请同事好友到高档一些的酒店吃饭算不算违纪？在公共场所高声喧哗、践踏草坪等违反社会公德的行为会不会受到党纪的处分？实际上，是不是奢靡，是不是影响不好，是不是一名党员该做的，群众中、社会上是有评价标准的。现实中，一些党员干部过度追求生活上的享受，迷恋名车豪宅，讲究个人排场，背离了党章要求的"吃苦在前，享受在后"的义务和《廉洁自律准则》"尚俭戒奢"的要求，破坏了群众心目中党员应当是社会主义新风尚和社会主义荣辱观带头践行者的良好形象。将生活奢靡、贪图享乐、追求低级趣味，与他人发生不正当性关系，违背社会公序良俗，严重违反社会公德、家庭美德等行为列入生活纪律一章，其出发点并非是为了约束限制党员的正当权利，而在于严刹奢靡享乐之风、树立党员良好公众形象，是将党的十八大以来落实中央八项规定精神、坚持不懈纠正"四风"的要求和实践成果转化成"硬规矩"、"硬约束",是全面从严治党的具体体现。

把党纪印刻在心里

《若干准则》郑重强调:"坚持纪律面前一律平等,遵守纪律没有特权,执行纪律没有例外,党内决不允许存在不受纪律约束的特殊组织和特殊党员。"法国思想家卢梭曾说,一切法律中最重要的法律,既不是刻在大理石上,也不是刻在铜表上,而是铭刻在公民的内心里。小到文明行走,大到依法治国,法治的根基在于公民发自内心的拥护,法治的威力源于公民出自真诚的信仰。党纪也是如此,必须要刻在每位党员的心中,才能形成"一致行动人",才能形成行动一致的伟大的集体力量。

学规矩。我们党在执行党纪的时候从来没有不知者无罪的说法,党纪党规在党内政治生活的作用,就如同出门在外的交通法规。如果对交通法规不了解,难免会出事故。同样,如果不能很好地掌握党纪,在政治生活中也会处于非常危险的境地。所以学好党纪党规也是我们做一名合格的共产党员、守好底线的必然要求。当前,深入推进全面从严治党,必须强化遵守"明规则"、破除党内"潜规则"、重构政治生态，必须把"明规则"讲明白。党内"明规则"是以党章为核心的一系列制度规则体系。它是关于"为"与"不为"以及"如何为之"的规范，是党的优良传统作风的秉持和传承，是我们党队伍整齐、步调一致、团结奋斗的重要保证。规则讲明白，才能让人认识明白。对于党员干部来说，要不断加强学习，把"规则"始终放在心上，不断警醒自己。每一位党员干部都要将思想统一到党中央的要求上来，端正态度，认真学习，做到逐条逐句学，熟练掌握《纪律处分条例》内容，牢记党的各项纪律要求和党的纪律底线，认真思考，深刻领会、感悟、体会，把党的各项廉洁自律要求和党的纪律底线刻印在心里，切实增强守规矩的自觉性。

知敬畏。学习的目的全在于实施运用。通过学习，每一位党员要牢固树立党章党规党纪意识，做到守纪律、讲规矩，知敬畏、存戒惧，自觉在廉洁自律上追求高标准，在严守党纪上远离违纪红线。党员干部犯错误除了一些客观因素外，主要还是主观因素，突出体现在：党的观念淡漠，忘记了本质、宗旨、信念；纪律意识淡化，规矩意识不强，对法律法规缺乏敬畏之心，对错与非错、违纪与违法认识不清；放松了自我警醒、自我约束、自我净化，从不廉洁行为、不注意防微杜渐开始，从不拘小节逐步发展到失守大节，最终走向违纪甚至违法犯罪的道路，从公仆沦为罪人。由于在有些人心中"潜规则"积弊已久，不可能自生自灭、自行消退。因此，必须下大力气严肃党纪政纪，端正党风政风，严惩那些热衷于玩转"潜规则"的人，让他们付出应有的沉重代价。当前，全面从严治党取得了一定的成绩，但是面临的情况十分复杂，仍然处于问题易发多发期。例如有些党员干部放松思想警惕，对形形色色的错误思想缺乏分辨力。为此，《纪律处分条例》详细规定了对违反政治纪律行为的处分方式，对党员、干部遵守政治纪律和政治规矩提出明确要求。这些规定既为弘扬正气、坚守党的政治纪律和政治规矩提供了明确依据，也为同违反党的政治纪律的言行进行斗争提供了坚强后盾。此外，还有为防止别有用心之人将"法无禁止皆可为"推理为只要《纪律处分条例》没有禁止的党员都可以做。"法无禁止皆可为"的底线是法，广大党员干部及非党干部一定要警惕，党纪之外一定要严格遵守国家法律法规，认清清单，严格要求自己。

常对照。"制度一经形成，就要严格遵守，使制度真正成为硬约束。"对于规则而言，如果光靠嘴说，不付诸行动，必然会成为毫无威慑力的"稻草绳""纸老虎"。必须让纪律、规则成为带电的"高压线"，加强约束力，提高驱动力。《纪律处分条例》既是我们的行为规范和指引，更是随时悬在我们头上的"高压线"。六方面纪律都与每个党员的行为息息相关。如果认识不到位、言行不检点，稍不注意就会违反纪律。党员干部应该根据实际情况，将自己摆进去，进行反省，努力做到从心所欲而不逾矩。

05

不断追求共产党人的崇高境界

我们共产党人讲奉献，就要有一颗为党为人民矢志奋斗的心，有了这颗心，就会"痛并快乐着"，再怎么艰苦也是美的，再怎么付出也是甜的，就不会患得患失。

2015 年 1 月，习近平在同中央党校县委书记班学员座谈时讲到："我多次去过兰考县，去年第二批党的群众路线教育实践活动中又去了两次。每每踏上兰考的土地，我的心情都很激动。焦裕禄同志以自己的实际行动塑造了一个优秀共产党员和优秀县委书记的光辉形象。做县委书记，就要做焦裕禄式的县委书记。"焦裕禄，一位普通但不平凡的共产党员，他用自己的实际行动，塑造了一个优秀共产党员和优秀县委书记的光辉形象，铸就了亲民爱民、艰苦奋斗、科学求实、迎难而上、无私奉献的精神。

　　类似焦裕禄这样被习近平"点赞"的共产党员还有许

多。将军妻子龚全珍，扎根山村一辈子，为党工作一辈子，为民奉献一辈子。"傻子"郭明义，坚持二十余年无偿献血55次，累计献血量达六万多毫升，相当于自身总血量近10倍；15年来累计捐款七万多元，让100多名贫困儿童重新走进课堂。航空英雄楷模罗阳，经常挂在嘴边的话是："我离优秀共产党员的标准还有差距。"……还有许多优秀共产党员的崇高形象不断地闪现在我们面前。综观这些同志，无论他们身处哪个时代，无论他们所从事的职业工种差异有多大，但是他们都有一个共同的身份，他们都是有理想、重信念、崇道德、讲奉献的共产党员。

仅仅守住底线还不够

2015年10月，中共中央印发重新修订的《中国共产党廉洁自律准则》和《中国共产党纪律处分条例》，一时间，"史上最严党纪"的声音不绝于耳。人们常把纪律比作"底线"，所谓"底线"，顾名思义就是党纪国法不可逾越的最低界限。这是共产党员理当坚守的。但是仅仅守住"底线"就可以了吗？大量事实和案例告诉我们，仅仅坚守"底线"，不但不能做成事，而且容易滑向违纪的深渊。

守住"底线"只能保证不出事，不能保证能干事。现实中，有些党员认为追求高标准"太难""太空泛"，守住"底线"就可以了。然而，党员如果只讲守住"底线"，满足于不出事，那是低标准、低层次的表现。党的十八大后，中央从作风建设入手，从反腐败发力，在短时间内取得扭转党风和反腐败斗争的阶段性成果。但与此同时，一些党员也发出这样的感叹：宁可不作为，也不要犯错误；宁可少干事，也不要出事；不让我出事，我就不干事。一时间"为官不易""为官不为"等言论甚嚣尘上。在工作生活中，我们也可以看到，少数党员对自己的要求是小错不断，大错不犯。虽然没有突破纪律底线，但他们距离优秀党员的标准、距离人民群众的期盼都还有相当大的距离。

当前我们正朝着实现中华民族伟大复兴的中国梦阔步前行，前面的道路并不平坦，艰难险阻常常相伴并行。在这种情况下，我们更加需要一批又一批理想信念坚定、勇于担当、甘于奉献的共产党员起到先锋模范作用。共产党员要勇做精神家园的守望者、社会价值的风向标、道德航船的压舱石，只有擦亮共产党人的道德星空，才能为实现中华民族伟大复兴的中国梦注入持久不衰的精神能量。

没有"高线"的引领，"底线"最终也会失守。古语有云："取法乎上，仅得其中；取法乎中，仅得其下；取法乎下，无所得矣。"意思是说，一个人取上等为准则，最后可能只达到中等水平；而如果取中等为目标，有可能只能达到低等水平；而取下等为标准，结果可能是一无所得。每一名共产党员在坚守"底线"的同时，必须追求和坚持"高线"。这就如同打仗一样，进攻是最积极的防御。"高线"也是真正守住"底线"的根本保证。只有对自身处处严格要求，底线才能得以不断加固。如果不以党员的高标准严格地要求和约束自己，消极防守，"底线"最终也是很难守住的。可以想象，一个经常徘徊在"底线"上的人，其抵御能力定是十分脆弱的，一旦遭受冲击，难免不阵前失守。

党的十八大以来，从中央"打虎""拍蝇"的案例来看，一些贪腐的官员之所以守不住"底线"，最根本的原因就是放弃了"高线"。许多违纪落马的党员干部不是不知道贪腐给国家和人民带来的伤害，不是不明白违纪给自己和家人带来的后果，只是因为长期理想信念淡薄、党性意识动摇、道德修养缺失，随着职务升迁、权力增大、欲求增多，自励、自省、自控能力并未随之提升，最终"底线"失守，为金钱、美色所俘获。这些人没有了时刻瞄准"高线"的精神追求，没有始终拧紧"总开关"的高度自觉，内心缺少敬畏、信仰和责任，难免无所顾忌、忘乎所以。有的忘记了人民公仆为人民服务的宗旨，把自己当作官老爷；有的搞"一户两制"或"一家两国"，早就为自己想好了退路；有的"爱惜羽毛"，甘当"太平绅士"，对一些诋毁党的奇谈怪论不敢"亮剑"；还有的不信真理信金钱，不信马列信鬼神，不问苍生问"大师"。这些人远离了"高线"，自然守不住"底线"。

由此可见，从本质上说，"高线"和"底线"是辩证统一的。"底线"是堤坝，起基础作用；"高线"则是灯塔，起引领作用。古人说："万物得其本者生，百事得其道者成。"只有始终坚持"高线"，坚定对马克思主义的信仰，对共产主义和社会主义的信念，对党和人民的忠诚，保持思想纯洁、灵魂净洁，才能真正守住"底线"。

拒绝"崇高"？

共产党人的"高线"首先是理想境界之高，把共产主义作为终身不渝的追求。然而，曾几何时，有的共产党员却对共产主义产生了疑惑。有人说，共产主义是"乌托邦"，即不可能存在的"乌有之乡"，是虚无缥缈根本不可能实现的空想社会。有人说，人的本性是自私自利的，倡导无私奉献背离人性，没有现实基础，共产主义社会更不符合人的本性。还有人认为，共产主义对当代人来说是画饼充饥，反正自己这一代看不见、摸不着，跟自己的切身利益关系不大。有些人把崇高的理想消解为漫画式对象，躲避崇高，放逐理想，消解责任，享乐当时，游戏人生。由此，他们得出结论：今天我们必须要"告别革命、拒绝崇高"，培育社会主义、共产主义理想信念在今天只能是一句空话；最实际的是物质利益，最管用的是经济刺激。

我们是历史唯物主义者。那种罔顾事实，超越初级阶段，企图跑步进入共产主义的做法曾经给我们的民族带来过严重挫折。失误让我们清醒，社会主义初级阶段至少需要一百年时间，实现共产主义更需要十几代乃至几十代人连续奋斗。不再整天把理想挂在嘴上，并不意味着我们不再需要理想，也不意味着我们不再为理想而奋斗。理想之所以称为理想，理想之所以有魅力，原因在于它虽身处远方却时刻在召唤着我们。

回首过去，环顾现实，我们发现，现在不是理想主义泛滥的问题，而是理想主义匮乏而实用主义、市侩哲学泛滥的问题。2012 年 12 月，习近平在广东考察时曾说：现在有人批评理想主义，脱离实际的理想主义固然不可取，但符合历史发展规律、顺应历史发展趋势的理想万万不能丢。现在不少人太功利主义了，缺乏理想，缺乏信仰，没有理想和信仰，不可能为党、国家和人民作出牺牲。如果丢失我们共产党人的远大目标，就会迷失方向，变成功利主义、实用主义。

革命理想高于天。幸福不会从天降，理想也不是一蹴而就的，正如共产主义决不是"土豆烧牛肉"那么简单，不可能唾手可得。但我们不能因为实现共产主义理想是一个漫长的过程，就认为那是虚无缥缈的海市蜃楼，就不去做一个忠诚的共产党员。我们现在坚持和发展中国特色社会主义，实现中华民族伟大复兴的中国梦，就是向着最高理想所进行的实实在在的努力。这就要求我们一方面要抬头看天，坚定信念；另一方面要立定脚跟，脚踏实地，做好眼前的事情，干好最现实的工作。

胸怀理想，不能不警惕市场经济的双重效应。市场经济的重要原则之一是追求利润最大化，这用在微观经济上没有错。但市场经济固有的追求自身利益最大化的"经济人"利益观、价值观深入人的信仰层面，与共产主义崇尚的无私奉献理念形成针锋相对的对抗与冲突，致使一些党员干部在价值观上出现扭曲，转而崇尚拜金主义，庸俗化为"一切向钱看"，奉行"理想理想，有利就想"。其结果是，有些党员和党的领导干部在市场经济大潮中晕晕乎乎、头脑发热，不能正确认识价值问题，不能正确对待个人利益，导致精神支柱坍塌、人生方向迷失。加之我国正处于社会转型期，经济社会发展中出现一些突出问题没有得到有效解决，一些丑恶现象与社会主义共同富裕本质、与党的为人民服务宗旨、与社会主义核心价值观倡导的公平正义诚信等完全背离。一些党员看在眼里，心理受到极大冲击，甚至导致一些党员因此对党和政府失去信任、对中国特色社会主义道路产生怀疑、对共产主义理想失去信仰。

"大公无私"过时了吗？

春秋时，祁黄羊为晋国大夫，晋平公让祁黄羊推荐南阳县令人选，他推荐了自己的仇人解狐。后来晋平公让祁黄羊为朝廷推荐一名法官，他推荐了自己的儿子祁午。两人任职后都很出色，受民爱戴。对此，孔子赞叹道："外举不避仇，内举不避亲，祁黄羊可谓公矣。""公"即大公无私。

一段时间来，有一种不太协调的论调，认为当今社会不宜再提倡大公无私，大公无私精神过时了。之所以出现这样的论调，有人说这与人性有关，"人不为己，天诛地灭"，大公无私严重违背人性。还有人说，大公无私和社会主义市场经济相背离，市场经济遵循的是等价交换原则，讲求付出与回报等值，一个人如果心中只有公而没有私，就背离了这一原则，是不识时务，也难以得到社会认同。有人说，现在不要讲"大公无私"了，因为党员干部的合理合法利益也要承认，应该是"大公有私"。

这些看法貌似有道理，但对于共产党员来说，这却是一个大大的谬论。党员合理合法的利益当然要承认，也要保障，但这同私心、私利、私欲不是同一个概念，不能混为一谈。毛泽东一生为民，可临终时只有五百多元积蓄，前后一百多万元稿费全部交给了国家。他没有给子女留下一块钱、一间房。朱德生前不止一次讲过："我只有两万元存款，这笔钱不要动用，不要分给孩子们，要作为我的党费交给组织。共产主义者应该是没有私心的人。"立党在公，兴党更在公。只有大公无私，天地才有正气；只有公私分明，人间才有是非；只有先公后私，党员这个称号才能叫得响、立得住；只有公而忘私，干部这支队伍才能冲锋陷阵、战无不胜。

共产党人做到大公无私，就是要坚持党性，树立正确的权力观。习近平在十八届中央纪委三次全会上强调指出："作为党的领导干部，就要讲大公无私、公私分明、先公后私、公而忘私，只有一心为公、事事出于公心，才能坦荡做人、谨慎用权，才能光明正大、堂堂正正。"总书记一连用了六个"公"字，阐明了领导干部做人的遵循，指出了领导干部用权的准则。现实生活中，有的领导干部为了捞资本、谋升迁，不惜动用人力物力财力，大搞"形象工程"、"政绩工程"；有的领导干部任人唯亲、任人唯利，甚至搞顺我者昌、逆我者亡；有的领导干部以权谋私、贪赃枉法，为自己和小团体谋取私利，甚至到了欲壑难填、蛇欲吞象的地步，其中的动因就是一个"私"字。每名党员特别是领导干部都要懂得大公无私的含义，秉持大公无私的理念，更加自觉地做到公私分明、先公后私、公而忘私。

共产党人做到大公无私，就要树立正确的苦乐观。苦与乐，犹如生与死，是人生之旅中与自我始终相伴随的一对基本矛盾。苦与乐是辩证的统一，"苦"是手段，"乐"是目的，"乐"必须通过"苦"才能达到，即"苦尽甘来"。孔子云："未知生，焉知死？"由此可以演绎为"未知苦，焉知乐？"离开"苦"的经历也就无从觉解"乐"的真谛。古代志士仁人"先天下之忧而忧，后天下之乐而乐"的苦乐观是把自己的苦和乐与天下人联系起来。无数共产党员为祖国人民、为人类的幸福而艰苦奋斗，原因就在于他们树立了崇高的苦乐观。奥斯特洛夫斯基说过："我活着的每一天都意味着和巨大的痛苦作斗争。再没有比战胜种种痛苦更使人感到幸福和快乐的了。"还有许多身残志坚的共产党员，克服了残疾之苦，战胜了病魔，在常人无法理解的痛苦中拼搏并取得惊人成就，不就充分证明了树立革命苦乐观的重要吗？

无产阶级认为，人生的目的和意义在于消灭一切剥削阶级，解放全人类，实现共产主义的理想，使人人都过上自由、平等、和平、幸福的生活。如能在这个伟大的事业中贡献出自己的聪明才智和力量，即使需要历尽千辛万苦，也是快乐的；如不能实现这个理想或不能为实现这个理想贡献力量，则是痛苦的。共产党员践行的苦乐观，以苦为荣，以苦为乐，强调在实践中吃苦在前，享受在后，把方便让给别人，把困难留给自己，为人民苦在前头，乐在其中。它还强调把个人苦乐与民族、阶级、国家和集体的苦乐紧密联系在一起，以民族、阶级、国家和集体的苦乐为苦乐，做到先天下之忧而忧，后天下之乐而乐。

共产党人做到大公无私，还要树立正确的义利观。舍生取义是古代仁人志士所共同追求的价值目标。古代圣贤们所追求的"义"主要是指追求一种美好善良的境界和正直正义的气节。今天的共产党员树立的是全新的社会主义义利观，它是一种新型的价值观和道德观。社会主义义利观中的"义"，就是正确处理社会主义社会中各种利益关系的道德准则。社会主义义利观中的"利"，则包括公利和私利，如国家和人民的整体利益、社会群体的集体利益，以及公民的个人利益等。社会主义义利观在肯定每一个人追求正当的合法利益的同时，要求每一个人把国家利益、集体利益放在更加重要的位置上，国家利益最为重要，集体利益次之，个人利益再次之。对于共产党员而言，树立正确的义利观就是要讲奉献。"杨善洲，杨善洲，老牛拉车不回头，当官一场手空空，退休又钻山沟沟；二十多年绿

05
不断追求共产党人的崇高境界

荒山，拼了老命建林场，创造资产几个亿，分文不取乐悠悠……"这首流传于滇西保山市施甸县的民谣，生动地诠释了一位共产党员大公无私、淡泊名利的奉献精神。

奉献是共产党员最靓丽的"名片"。共产党员从宣誓为共产党主义奋斗终身的那一刻起，就意味着选择了奉献。奉献是什么？奉献是一种真诚自愿的付出行为，是一种纯洁高尚的精神境界。共产党员讲奉献，更多地体现为一种对个人利益的舍弃。能不能在党和人民群众需要的时候，自觉地放弃个人利益，不仅是一种人生境界，更是共产党人优秀品质的一种要求。奉献是无私的付出和关键时刻的舍弃。共产党员讲奉献，就是坚持把党和人民的利益放在首位，个人利益与人民利益发生冲突时，主动舍弃、牺牲个人或小团体的利益，在危急关头能挺身而出。无论到什么时候，不管情况发生什么变化，共产党员都要毫不动摇地把奉献作为自己追求和实践的崇高精神境界。

要修身还要齐家

《礼记·大学》中讲到，"自天子以至于庶人，壹是皆以修身为本"，"古之欲明明德于天下者，先治其国；欲治其国者，先齐其家；欲齐其家者，先修其身……身修而后家齐，家齐而后国治，国治而后天下平"。

对古人而言，"修身"就是要做到"见贤思齐焉，见不贤而内自省也"，不断提升思想境界，不断提升自我，不断超越自我。"修身"就是要做到"勿以善小而不为，勿以恶小而为之"，从小事做起，把小事做好，增强自制力，抵制利益诱惑。"修身"就是要做到"吾日三省吾身"，经常自警、自省，不断反思总结。"修身"就是要做到"己所不欲，勿施于人"，只有将心比心，换位思考，才能摆正位置，把工作做好，把问题解决好。"修身"就是要做到"养浩然之气"，培养高尚的气节和独立的人格，能做到"富贵不能淫，贫贱不能移，威武不能屈"，顶天立地，堂堂正正；能坚持正义，崇尚道德，绝不向权贵低头，绝不向诱惑伸手，绝不为利益所迷。

对于共产党员而言，修身是指修养身心，坚定理想信念，努力提高思想道德水平。"三严三实"是共产党人最基本的政治品格和做人准则，也是党员、干部的修身之本、为政之道、成事之要。新形势下，党员干部面临复杂环境，使命任务艰巨，更要讲修身，要从政治抱负、报国情怀、浩然正气、本领意识、道德品质等方面提升修养，使党性得到锤炼，境界得到升华。

我们强调党员干部严以修身，就是要加强党性修养，坚定理想信念，提升道德境界，保持高尚情操，自觉抵制歪风邪气。党性是一个政党的本质属性，共产党员的党性表现为对待事业、群众、组织的根本态度，表现为宗旨意识、敬业意识、忧患意识，把爱党、忧党、兴党、护党落实到工作各个环节。不论什么时候、在什么情况下，都要念念不忘组织、念念不忘宗旨、念念不忘纪律，切实使自己符合共产党员的标准要求。

修身就要修道德品质，不断提升道德境界，追求高尚情操。要加强思想道德修养，自觉弘扬爱国主义、集体主义、社会主义思想，积极倡导社会公德、职业道德、家庭美德。要牢记"从善如登，从恶如崩"的道理，始终保持积极的人生态度、良好的道德品质、健康的生活情趣。要倡导社会文明新风，带头学雷锋，积极参加志愿服务，主动承担社会责任，热诚关爱他人，多做扶贫济困、扶弱助残的实事好事，以实际行动促进社会进步。然而现实社会中，有的领导干部从"农民的孩子"成长为党的中高级干部，之后又蜕变为腐败分子。这一变质大都是从道德滑坡开始的。加强道德修养，必须树立高尚追求。干部的党性修养、思想觉悟、道德水平不会随着党龄的积累而自然提高，也不会随着职务的升迁而自然提高，要不断改造主观世界、加强党性修养、加强品格陶冶，时刻用党章、用共产党员标准要求自己，要有"与人不求备，检身若不及"的精神，时刻自重自省自警自励，努力做到"心不动于微利之诱，目不眩于五色之惑"，老老实实做人，踏踏实实干事，清清白白为官。

除了修身还要齐家。在中国传统文化中，"孝悌忠义""百善孝为先""家和万事兴"等都是"齐家"的至理名言。"我家两堵墙，前后百米长。德义中间走，礼让站两旁。"歌曲《六尺巷》登上猴年春晚舞台，让桐城六尺巷背后张家的家风家训，再度进入公众视野。中国有一副著名的对联"忠厚传家久；诗书继世长"，诗礼传家就是传统文化中对家风最凝练的论述。在中国人眼中，家是最小国，国是千万家，没有每个小家的和谐稳定，就没有社会的和谐发展。一个社会的发展，需要诚信、积极、进步、向上的氛围，这种氛围的营造，不仅靠外在强制的约束，还要靠个人良好品行修养来维系。而个人良好的品德，就来源于家风的熏陶与培养。

家风连着党风。共产党员在加强党性修养，不断"修身"的同时，还要重视"齐家"，重视家庭建设，更要注重培养清正家风。共产党员良好的家风能够涵养清正的作风。

周恩来总理曾制定"十条家规"严格要求亲属；刘少奇同志"约法三章"规范家人和身边工作人员的行为；曾主管国家经济工作长达 26 年的李先念始终不许孩子经商。勤俭的家风能使人廉洁、淡泊；严格的家风能让人谨慎、知止；勤奋的家风能促人进取、担当。可以说，好的家风关系领导干部人格养成、作风锤炼，是干部做人为官的"保险栓"，是干部抵御歪风邪气的"防火墙"。这些良好家风的传承与弘扬，促进了党员干部爱国爱党、爱民爱家，带动形成良好的社会风气，增强了群众对党的信任和拥护。

领导干部的家风，不是个人小事、家庭私事，而是领导干部作风的重要表现。领导干部要把家风建设摆在重要位置，廉洁修身、廉洁齐家。好家风是一面镜子。能照出不足、醒神明志。思想上的"小分叉"、名利上的"失落"、干事上的"失误"，家风鸣笛、家人点醒，能及时帮助内省自查，照出污垢、找出症结，防止小问题长成大问题、小毛病酿成大祸端。好家风又是一把戒尺。能帮助领导干部解决好"我是谁、为了谁、依靠谁"的问题，分清名与利、权与法、理与情的界线，辨明是非利弊，防止方向偏离、信念动摇。总之，不论时代发生多大变化，不论生活格局发生多大变化，我们都要重视家庭建设，注重家庭、注重家教、注重家风。

加强修养永远在路上

加强修养，共产党员要做到"慎独"。所谓"慎独"，是指人们在独自活动无人监督的情况下，也能自觉地严于律己，不做有违道德和法律的事情。曾国藩曾告诫子孙说："慎独则心安。"慎独是修身律己的理想境界，是道德评判的重要标准，也是党员干部道德修养的基本要求。一般说来，当处在有人监督的情况下，绝大多数人都能注意自己的行为，不做违背道德的事情，问题就出在无人注意时。如果一个人，在没有眼睛盯着的情况下也能谨慎不苟，不做违背道德之事，这就是慎独。

刘少奇同志在《论共产党员的修养》中指出，对于认真进行道德修养的共产党员来说，"即使在他个人独立工作、无人监督、有做各种坏事的可能的时候，他能够'慎独'，不做任何坏事。"习近平曾指出："如果平时不刻意'慎独'，不注意防范'找上门来'的错误，老是怀着侥幸心理去为不可为之事，非栽跟斗不可。"对于党员干部来说，"慎独"意味着要做到人前人后一个样，有无监督一个样，"八小时"内外一个样，始终做到不仁之事不做，不义之财不取，不正之风不沾，不法之事不干，始终保持共产党人的革命气节和政治本色，无愧于人民的殷切期盼，无愧于党和国家的重托。

加强修养，共产党员要做到"慎微"。"慎微"的意思是要重视和正确处理细小的事情。一个在小节、小事上过不了关的人，也很难在大节、大事上过得硬。中国古人就有"勿以恶小而为之，勿以善小而不为""不虑于微，始成大患；不防于小，终亏大德"的教导。从被查处的腐败分子来看，几乎都是从"笑纳"一条烟、一瓶酒，"帮忙"签个字、批个条子等"小事"开始的，最终却一发不可收拾地滑向了罪恶的深渊。黑龙江省绥化市原市委书记马德在忏悔时说："我收一个人，就能收两个人，今天能收一万，明天就能收两万，这么，越收越多，越收越大。"这种"小节无所谓"的思想实在是贻害无穷，正所谓"不矜细行，终累大德"。共产党员要切实做到不该说的话不说、不该拿的东西不拿、不该去的地方不去、不该办的事情不办，避免第一次放纵，守住第一道防线。

加强修养，共产党员要做到"慎初"。明代思想家王廷相曾经给他学生张瀚讲过一件轿夫湿鞋的事情：一日，他乘轿进城，结果走了不久，遇上大雨。他发现一个轿夫穿了双新鞋，开始时，这个轿夫还择地而行，怕弄脏鞋。进城后，泥泞渐多，轿夫一不小心踩进泥水之中，把一只鞋弄脏了。为了不让另一只鞋弄脏，轿夫还择地而行，后来不小心又把另一只鞋也弄脏了，便"不复顾惜"了，在泥水中奔跑起来。王廷相由此而告诫说："居身之道，亦犹是耳。倘一失足，将无所不至矣！"作为党员干部，我们都应该要有保证新鞋不湿的决心，要慎重对待"第一次"，就能累积成"每一次"，每日多省身，就会做到内外兼修，成为德才兼备之人。

加强修养，共产党员要做到"慎友"。习近平指出，新型政商关系概括起来说就是"亲""清"两个字。所谓"亲"，就是要坦荡真诚同民营企业接触交往，特别是在民营企业遇到困难和问题情况下更要积极作为、靠前服务，对非公有制经济人士多关注、多谈心、多引导，帮助解决实际困难。所谓"清"，就是同民营企业家的关系要清白、纯洁，不能有贪心私心，不能以权谋私，不能搞权钱交易。党员干部与企业家的交往，要看有没有工作需要，要君子之交淡如水。某行贿商人曾有句"名言"：不怕当官的廉洁，就怕当官的没有爱好。他通过投其所好，围猎党员干部，为其牟利。由此可见，党员干部要有健康的生活情趣、生活方式，更要把个人爱好与守住底线结合起来，绝不让其成为违法违纪的"突破口"。

06

迈开践行党员标准的整齐步伐

"知"是基础、是前提,"行"是重点、是关键,党员干部必须以知促行、以行促知,做到知行合一。

2014 年 12 月 10 日，上海好法官邹碧华在赶往司法改革试点单位徐汇区法院的途中，突发心脏病离世，年仅 47 岁。网上网下，哀思如潮，十万多网友留言讨论"邹碧华现象"。习近平作出批示，向"新时期公正为民的好法官、敢于担当的好干部"邹碧华同志学习。一位人到中年的法官，何以赢得如此广泛的身后赞誉？因为做一个有良心的法官，是邹碧华一生的追求，一辈子的坚守。正如他自己在一篇文章中所写的："我的角色要求我必须把推动我国法治事业的进步作为自己的使命。只有实实在在把这种使命感融入自己的内心，才有可能转化为一种强大的动力。"他是这样表达心声的，更是这样履行誓言的，真正达到了

"知行合一"。

一个古老话语的当代昭示

人类的所有社会活动，总会包括理论与实践，即"知"与"行"两个方面。从古至今，知行关系一直是思想家思考和探讨的问题，它演进的历程散见于浩瀚如海的典籍中。儒家经典《尚书·说命中》曾言"非知之艰，行之惟艰"，这是我们今天所能看到的对知行问题的最早阐释。

明代大儒、心学的重要代表人物——王阳明提出了著名的"知行合一"论，《传习录》中说："求理于吾心，此圣门知行合一之教，吾子又何疑乎？"意思是，认识事物的道理与在现实中运用此道理，是密不可分的，强调了知行结合的重要性。他从改造思想和人心的角度去思考，建立了以"心即理""知行合一""致良知"等为基本范畴的心学思想体系。

近代资产阶级革命家和思想家孙中山提出"知难行易"的观点，知对行固然有指导作用，但凡事总不能先有知然后才去行。他指出，知与行的关系是"以行而求知，因知而进行"，有些事情人们只能是先去行，从行中去知。特别是对于革命维新，更不能要求知了再行，而应当勇于实行。

中国伟大的教育家陶行知先生原名文浚，大学期间推崇王阳明的"知行合一"，改名"知行"。43岁时，他在《生活教育》上发表《行知行》一文，提出"行是知之始，知是行之成"的主张，又改名为行知，他一生都在倡导"生活即教育、社会即学校，教学做合一"的教育理念，而"千教万教教人求真，千学万学学做真人"也是他追求表里一致、言行一致、名副其实的"真人"品格的体现。

毛泽东同志在中国革命的关键时期，运用马克思主义的基本原理结合中国革命的实践以及中国传统文化的精华，对古老的"知行"命题进行科学的扬弃，写下《实践论》光辉篇章，他用通俗的语言、生动的实例，深入浅出地阐述了知就是认识，行就是实践，首次用辩证唯物论详尽地分析认识过程的两次飞跃，丰富了人类认识的基本规律，提出了真理的标准是社会的实践，实践的观点是认识论的基本观点。

邓小平同志汲取《实践论》的精华，将实践的观点提到检验真理唯一标准的高度，促进了改革开放事业。他提出"摸着石头过河"，认为要做到知与行、主观与客观相统一，就必须解放思想，敢于创新，没有一股闯劲，没有一股干劲是不行的。邓小平同志把马克思主义的普遍原理，与当代世界和中国的实际紧密结合起来，创立了中国特色社会主义理论，为中国的改革开放的"行"奠定了理论基础，扫清了不利于"行"的各种"知"的干扰，从而创造出举世瞩目的历史成就。

党的十八大以来，以习近平同志为核心的党中央提出了治国理政的新理念新思想新战略，并在实践中不断发展，推动改革开放和社会主义现代化建设迈上新台阶。从确立"两个一百年"奋斗目标到提出中华民族伟大复兴的中国梦，从统筹"五位一体"总体布局到协调推进"四个全面"战略布局，从把握中国经济发展新常态到牢固树立五大发展理念，从中央出台"八项规定"、深入开展反腐败斗争到扎实推进党的群众路线教育实践活动、"三严三实"专题教育和"两学一做"学习教育等，无不体现出习近平倡导的"知行合一"的治国理政理念。

空谈误国，坚持把知行合一运用于以知促行之中。2014年3月，习近平在法国进行国事访问时提到，"中国人讲'知行合一'，法国人讲'打铁方能成铁匠'，都强调要把思想转化成为行动"。"知"不能仅停留在"知道""知其然"的层面，而是要上升到"思想自觉"的高度，做到

"知其所以然"，要学会反观自己、直面自己，并把道理、理论内化于心；只有内化于心，才能行动自觉，即把正确的思想认识自觉转化成具体的行为实践。正所谓"道虽迩，不行不至；事虽小，不为不成"。习近平十分重视"行"的力量，反复强调要战略定力，综合施策，一分部署、九分落实，崇尚实干、狠抓落实，教导青年要"笃行"，"于实处用力"。同时他还强调"行"的连贯性和效果，即要发扬钉钉子的精神，驰而不息，久久为功，一以贯之地去落实。在他看来，只有将思想自觉转化为行动自觉，才算得上是真正的知行合一。

实干兴邦，坚持把知行合一运用于干事创业之中。习近平对古代知行观赋予了新的时代内涵，要求领导干部严以修身、严以用权、严以律己，谋事要实、做人要实、创业要实，反复强调真抓实干，要求抓住群众最关心的问题，扎扎实实办几件实事。他始终认为，"真抓才能攻坚克难，实干才能梦想成真"，"一张蓝图干到底"，只有干在实处，才能走在前列，不抓落实，再美好的蓝图也只是空中楼阁。

提升境界，坚持把知行合一运用于道德建设之中。习近平汲取中国古代知行观关于道德意识和道德行为相统一的观点，强调在培育和践行社会主义核心价值观中要坚持知行合一，"在落细、落小、落实上下功夫"，使核心价值观内化于心，外化于行，要把社会主义核心价值观日常化、具体化、形象化、生活化，把抽象的不可触摸的价值观变成具体的实实在在的东西，让它从认知空间进入实践空间，从抽象理性世界进入感性生活世界，使每个人都能感知它、领悟它，内化为精神追求，外化为实际行动，做到明大德、守公德、严私德。

马克思说过："为了实现思想，就要有使用实践力量的人。"把知行合一的实践智慧渗透到国家治理体系和治理能力现代化建设之中，融合进共产党人认识世界和改造世界的方法论之中，使这一古老命题在当代中国具有了最生动的实践诠释和时代意义。

言行不一极具杀伤力

"台上一套，台下一套，说一套，做一套；人前是人，人后是鬼……"这是山东省委原常委、济南市委原书记王敏贪腐堕落"两面人生"的真实写照。他爱看红色影片且每每泪流满面，但"第二天想做啥还做啥"；他也曾有过"一个班子，尤其是党委书记过不了廉洁关，就没有担当的资格"的正色危言，可是私底下却疯狂敛财，骄纵亲属子女。这种言与行、此言与彼言、此行与彼行之间的极度乖离割裂，一方面固然为其博得了民众的好感，甚至被视为廉吏；而另一方面，在不可测的危机环伺之下，也使得这种割裂与伪饰愈来愈严重。

荀子把"口言善，身行恶"的"两面人"称为"国妖"。明代江盈科在所著《雪涛谐史》中曾用一则小品，形象地刻画了这类言行不一的"国妖"嘴脸——一个贪官明明想大捞一笔，却装成分文不要的样子，刚上任便煞有介事地向"神明"发誓："左手要钱，烂了左手；右手要钱，烂了右手。"不久，有人行贿百金，他垂涎欲滴，又怕真烂了手。此时，一个心腹凑上去说："请将此金纳入官人袖中，便烂也，只烂了袖子。"贪官喜笑颜开，遂仰袖纳之。这样的"两面人"显然具有极大的迷惑性和危害性，不仅严重损害公共利益，败坏官场生态，也会动摇社会主义核心价值观思想认识根基。而与那些千夫所指的贪官不同的是，面对这样的"两面人"，善良的民众每每"原来如此"的惊叹背后，其实都会带有深深的失信感、挫败感和唾弃感。

讲的一套，做的一套，亵渎组织威信。"两面人"时常接受党的理论政策的熏陶，对马克思主义理论、党纪党规、社会主义核心价值观都有所了解，清楚这些"知"是领导干部群体应有的规范要求，可是头脑中根深蒂固的却是以权谋私、升官发财，于是在实际生活、工作中常常毫无底线、难见防线。深圳市原市长许宗衡就对其"圈子"内的人毫不忌讳地说："我在会上讲的那些话是给别人听的，咱们该怎么办还是怎么办。"对一级组织来说，如果在选人用人等方面被蒙蔽眼睛，让这样的"两面人"吃香、老实人吃亏，干部就会心生怨气，质疑组织的公正性和权威性。特别是如果领导本身就是"两面人"，管灵魂的出卖灵魂，管反腐的带头腐败，管干部的带头卖官鬻爵，更会对组织威信产生全局性的危害和破坏。广东省委原常委、广州市委原书记万庆良，"落马"之前在台上言辞"恳切"，正气凛然地表白："请大家从监督我开始，决不插手任何土地、工程、项目、国有资产、招投标，决不利用自己的权力为亲友、为他人牟取私利，决不追求特权、追求享受。"可是"落马"之后，调查发现他在中央"八项规定"出台之后，先后出入会所 21 次，顶风作案，视中央精神为儿戏，让人大跌眼镜。

对上一套，对下一套，伤害群众感情。说什么话、做什么事，视人而不同。对官位高、权力大的人极尽阿谀奉承之能事，溜须拍马，低三下四；对下级和群众则冷漠无情，态度生硬，自以为是。沈阳市检察院原检察长张东阳为人"谦卑"，见到领导时，握手时从来都是伸出两只手，把对方抬得很高；对下级则刚愎自用，"老子天下第一"，完全是另一副嘴脸。"两面人"对群众没有真感情，有的只是花哨的作秀、虚假的伪装。他们侵害群众利益，或者搞空头承诺、不为群众办实事，逐渐让群众的希望变成失望、信任变成鄙夷，造成党群关系干群关系产生感情割裂。

人前一套，人后一套，污染政治生态。人前往往一脸严肃，正襟危坐，人后却声色犬马，花天酒地；公共场合和蔼可亲，俨然正人君子，小圈子里却放浪形骸、百无禁忌。党的十八大以来，随着反腐深入，人们发现，每一个"大老虎"背后都有一个"圈子"，拔出萝卜带出泥，才有了某一地区、某一领域的"塌方式腐败"。在一个地方、一个单位，"两面人"是败类、是祸水，虽然只是极小一部分，但放进整个干部队伍的池子里，也会给一池清水掺上杂质。更为恶劣的是，"两面人"一方面为了一己私利会做出违反组织纪律的事，造成一个地方"雾霾"肆行，鸡犬不宁；另一方面，他们又惶惶不可终日，往往用拉关系、搞圈子、结联盟那一套，导致清水化不净脏水、还可能被脏水同化，直至破坏和污染政治生态。

巡视前一套，巡视后一套，破坏政治纪律。党的十八大以来，中央强力推行巡视工作，查处了一批"大老虎"，在促进实现"不敢腐"方面，发挥了立竿见影的效果。但仍有一些"两面人"，中央巡视组一进驻就开始"哆嗦"，巡视组一撤离却又开始重新"嘚瑟"。在巡视整改过程中，虽然整改报告洋洋万言、工作措施头头是道，落到实处却"赶进度"，急着鸣金收兵，或者"过关"思想作祟，试图敷衍了事。更有甚者，不配合、欺瞒乃至干扰巡视，待巡视之后又故态复萌、变本加厉，不把政治纪律和政治规矩放在眼里。

人的思想和行动总是为社会现实所引导和规范。人总是首先依据自己的切身感受来认识现实社会的。因而，就大多数党员而言，他们也会根据自己在党内生活中的现实感受，来判断党组织具体的价值取向及党内生活环境的真实状况。譬如，尽管党组织一再强调深化干部人事制度改革，选人用人要公开、民主、择优竞争，但如果党员在党内生活中实际感受的却是"言行不一"的话，就会在党内生活中产生种种误导，从而恶化党内民主环境。

西谚有云：你可以愚弄所有人一时，愚弄有些人一世，但你不可能愚弄所有人到永远。这句话特别适合形容官场"两面人"的下场。这些戴着假面具，一边大唱反腐倡廉高调，一边大肆敛财的言行不一的党员干部，纵能够蒙混一时，终不能骗过一世，迟早有自取其辱的一天。

从我做起，从身边做起，从现在做起

美国气象学家洛伦兹打过一个比方：一只南美洲亚马孙河流域的蝴蝶，偶尔扇动几下翅膀，可能在两周后引起美国得克萨斯的一场龙卷风，因为任何一个表面看来毫无关联的微小波动，都可能带来整个系统的巨大改变。我们党是一个拥有八千多万党员、在一个十三亿多人口的大国已经执政67年的政党。每名共产党员，都是党的肌体细胞，是党的"代言人"，党的形象和威望、党的创造力需要每一名党员来树立。

榜样的力量是无穷的。2008年汶川地震曾经给我们带来了巨大的创伤，可是在抗震救灾的现场，我们却收到了上百份入党申请书，其中有一份写在处方笺的背面："敬爱的党组织，看到队员们在领队汪志明教授的带领下，夜以继日不怕脏和累，解除灾民痛苦，看到副领队吕飞舟副教授，队员李骥、夏敬文、黄钢勇等医师冲在前面，耐心细致医治病患，我心里既敬佩又感动，他们都是中国共产党党员，既吃苦在前，享受在后，团结一致，奋勇救人；又友爱同事，维护队员们的安全。他们就是我在这次抗震救灾中的榜样和旗帜，也将是我今后学习工作中的楷模。高中时我参加过党章学习小组，对党有基本认识。这次大地震中党员同志的出色表现，让我对党有新的认识……我希望得到党的接纳，成为一名光荣的中共党员！"灾难是残酷的、无情的，可是共产党员在万分危难时刻展现出来的党性、人性的光辉，却形成了巨大的号召力和凝聚力。

我们经常能听到不少抱怨，抱怨社会不公、抱怨腐败成风、抱怨环境恶劣、抱怨素质不高。有很多是习惯性抱怨，似乎不抱怨就是与这些现象同流合污。可是这个时代不缺乏抱怨者、批评家，当我们在批评和抱怨之前是否应该思考一下，我自身怎么样，我能为改变这些问题做什么。我们都应该扪心自问：在对不良社会风气进行批评、指正的时候，是否想到"我"也是不良社会风气的制造者？在对"潜规则"深恶痛绝的时候，是否想到"我"也想利用

"潜规则"为自己牟利？有句话说得好，"你就是他人的环境"，每一名共产党员的嘉言善行，都会在他人心中激起善的涟漪。只要我们每名党员都从自我作出改变，何愁社会不能风清气正？

古希腊神庙金顶上有句警世箴言："认识你自己。"认识自己，是把握自己、完善自己，更是改变自己。共产党员要心存敬畏、慎独慎微，当我们面对党旗宣誓的那一刻，就成了有组织的人，就意味着我们必须要多尽一份义务和纪律，守住为人处世的底线，守住党和人民交给的责任。

从身边做起，用自身的行为去改善和净化周围的环境。 一滴水可以折射出太阳的光辉。日常生活琐事中的言行举止，恰能反映出一名党员干部的道德修养、一个国家和民族的精神风骨。正如社会主义核心价值观的培育和弘扬，无须空喊口号，只要我们都从身边事情做起，从力所能及的事情做起，涓流滴水就能汇聚成道德洪流。有个佛教小故事，有个行僧向禅师请教为人之道，禅师带行僧下到地狱，看到很多饿鬼，每个人面前一盘美味佳肴，但因为使用的勺子一米多长，怎么吃都吃不到嘴里，饿得哇哇直叫。禅师又带行僧进入天堂，看到同样的条件，但每一个人都舀起自己面前的美味佳肴送到别人的嘴里，人人都这样做，人人都吃到了美味佳肴。

百岁仁医胡佩兰，退休以后坚持坐诊，20年来每周在所住社区卫生服务中心出诊6天，她根据自己多年的临床经验，平时看病不太依靠高科技仪器，慕名而来的病人越来越多，可她每天都会坚持看完所有病人才回家，对患者也极有耐心，给病人开药，很少超过一百元。她曾经说过，"不管面对哪一个病人，都要把患者当成自己的第一个病人来对待。"在她的感召下，她的同事还有学生也越来越多参与到社区卫生服务中。党员同志也应当先从帮助身边人、搞好邻里关系入手，在居住地主动"亮身份"，参与社区活动。这些都是举手之劳的事情，却能让周围的人真切体悟到真善美就在身边，并逐渐传递爱与善的自觉，激发见贤思齐、明德惟馨的精神追求。

从细微之处做起，把每一件平凡的事情做好。老子说过："天下难事，必作于易；天下大事，必作于细。"这是在告诉我们，不可轻视小事。我们总是会感到小事小节无碍大德，只要立场坚定，政绩显著，小事小节放松一点不是什么问题。事实上，无论做人、做事，都要注重细节，一个人的道德修养和小事也很难截然分开，很难想象一个在小事上随随便便的人能有好的精神状态，能在事业上兢兢业业、在群众中率先垂范。"凡事都要脚踏实地去作，不驰于空想，不骛于虚事，而惟以求真的态度做踏实的工夫，以此态度求学，则真理可明，以此态度做事，则功业可成。"这是李大钊的一句格言，告诉我们凡事都要做"实"，必见之于细，惟细方见"真"。

一是要认真做事，强于力行。从"办事不吭声"的老实人张思德，到"生也沙丘，死也沙丘，父老生死系"的好干部焦裕禄，再到"退休福不享，栽树二十年"的"草鞋书记"杨善洲，尽管时代方位不断变化，但求真务实、真抓实干，始终都是合格共产党人的本色。正如习近平强调，要把认真精神体现到党内生活和干事创业的方方面面。现在广为倡导"工匠精神"，从本质上来讲，也就是一种推崇认真的精神，认真具有巨大的能力，它大能使一个国家强盛，小能使一个人无往而不胜。中国航天科技集团公司高级技师徐立平，28 年来冒着巨大的危险雕刻火药药面，被人们誉为"大国工匠"。0.5 毫米是固体发动机药面精度允许的最大误差，而经徐立平之手雕刻出的火药药面误差不超过 0.2 毫米，堪称完美。为了杜绝安全隐患，徐立平还自己设计发明了 20 多种药面整形刀具，有两种获得国家专利，一种还被单位命名为"立平刀"。由于长年保持一个姿势雕刻火药，以及火药中毒后遗症，徐立平的身体变得向一边倾斜，头发也掉了大半，可是几乎每一件大国利器上面都刻有了他的印记。海尔集团总裁张瑞敏说过："把每一件简单的事做好就是不简单，把每一件平凡的事做好就是不平凡。"只有把小事做细，才有可能成就大事业。

二是要学会分享，学会引领。做好本职工作，这是对管理者的一般要求。管理贵在"帮助他人进步"，化机械管理为能动管理，这样的管理才具有价值意义。俗话说："小溪只能泛起破碎的浪花，百川纳海才能激发惊涛骇浪。"随着我国经济的快速发展，社会需求越来越多样化，对于任何一个团队来说，仅靠个人的能力是很难处理问题的，这需要将众人的力量凝聚到一起，共同学习，打造团队学习氛围。上海静安区城管队员董之益2013年获全国人民满意的公务员，多年来他以柔性管理、文明执法，赢得了信任，成为了一名群众工作的"行家里手"，可是他并没有守在功劳簿上沾沾自喜，而是通过带教年轻城管队员，带动整个中队共同探索适合新时期城管执法的有效方式，把执法管理寓于便民服务之中，变纯粹的依法行政执法为指导服务与社会协同管理相结合，大大激发起辖区内公众的自我管理意识，有效促进了执法工作的效能。

三是要把职业当作事业来追求。一名德国管理学家曾经讲过这样一个故事：三个泥瓦匠在干活，问他们在干什么，他得到了三个回答。第一个说，我在砌砖头；第二个挺起身，非常自豪地说，我是全国最好的泥瓦匠；第三个说，我在盖大教堂。三个人的回答，反映了三种人的心态。第一种人就是赚工资养家糊口的，我们身边充斥着这样的人。第二种人往往在自己的专业领域里面非常优秀，陶醉于自己的领域，从而既狂妄自大，又非常虚弱。第三种人能够准确知道自己工作的最终意义，从而把自己的职业当作事业，把事业当作一种精神追求。这样的人是最可贵的，共产党员应该努力成为这样的人。把事业当追求，体现的是对人生的态度。每个人的人生追求都不尽相同。有的人把住上大房子、开上好车子、赚取大票子作为事业成功的标志，那么他的人生追求也就限定在这些方面。但是如果一个人的追求以大多数人的幸福为目标，那么他就会将自己的聪明与智慧奉献到为社会的进步和人民的福祉的事业中去。

从现在做起，以知促行做好表率。要把读书学习当成一种生活态度。"道德传家久，读书继世长。"习近平在多个场合强调党员干部要加强读书学习，要爱读书、读好书、善读书。在农耕时代，一个人读几年书，就可以用一辈子；在工业经济时代，一个人读十几年书，才够用一辈子；到了知识经济时代，一个人必须学习一辈子，才能跟上时代前进的脚步。中国共产党人依靠学习走到今天，也必然要依靠学习走向未来。理论学习，可以提升理论素养，帮助党员干部透过现象看本质，智慧地处理好当前很多难点焦点问题。良好的学习习惯，能提高个人品位与情趣，使党员干部的眼界、胸襟更为开阔，逐渐脱离低级趣味的污染。

要做好我们该做的事，遵纪守规则。首先应该是作为公民应该遵守的基本行为规范。比如遵守交规、遵守公共秩序、讲卫生、讲文明等简单的事。其次就是尊崇党章，遵守党规，履行党员义务，严守党的纪律，时刻用党纪约束自己；要多做我们能做的事，传承中华美德。对身边人要关心，包括困惑时一句指点迷津的话语，绝望时一点精神的鼓励，即将犯错时一句善意的提醒；对陌生人要友善，问路时热情予以帮助，危难时伸出援助之手，受助时回以善意微笑。这些都是发自内心的举手之劳，可是却会散播善的种子，影响到身边的人。不做我们不该做的事，传递正能量。我们处在一个信息爆炸时代，微信、微博每天都可以接收到各种信息，针对那些不可信、不确定的信息，我们要坚决不转发、不跟风、不起哄。为了社会更风清气正、更和谐、更美好，那么，请每一位共产党员从我做起，从身边小事做起，从现在做起！

"历史总是要前进的，历史从不等待一切犹豫者、观望者、懈怠者、软弱者。只有与历史同步伐、与时代共命运的人，才能赢得光明的未来。"

我们每位共产党员都要牢记习近平在庆祝中国共产党成立 95 周年大会上的讲话："我们党已经走过了 95 年的历程，但我们要永远保持建党时中国共产党人的奋斗精神，永远保持对人民的赤子之心。一切向前走，都不能忘记走过的路；走得再远、走到再光辉的未来，也不能忘记走过的过去，不能忘记为什么出发。面向未来，面对挑战，全党同志一定要不忘初心、继续前进。"

后记

党的十八大以来，以习近平同志为核心的党中央，高举坚持和发展中国特色社会主义的伟大旗帜，开启了全面从严治党的崭新时代。中央继开展党的群众路线教育实践活动，"三严三实"专题教育活动并取得明显成效之后，紧接着开展"两学一做"学习教育，将学党章党规、学系列讲话，做合格党员作为一项全党的经常性教育。

党校工作者作为党的科学理论的宣传者、传播者和研究者，义不容辞应为党的主张、行动乃至党的中心工作任务，倾心服务，作出贡献。党校教师是我们党不可多得的一支理论力量，理应为党的理论创新、理论教育、理论武装，奉献智慧和力量。在党中央就"两学一做"学习教育铺陈展开后，上海市委党校的中青年骨干教师，饱含热情，聚精会神，对中央要求进行了学习研究。市委党校副校长曾峻教授、第三分校校长朱亮高倡议，紧随中央要求和时代召唤，应为"两学一做"学习教育，奉献我们党校工作者的绵薄之力。这一倡议得到了青年教师的积极回应，也得到上海人民出版社总编辑王为松、政治与理论读物编辑中心主任周峥的热烈策应。

站在中央推进全面从严治党的高度，阐发习近平总书记深入强调有关管党治党的系列讲话精神，从牢记身份、尊崇党章、肩负使命、守住底线、追求境界、践行标准等方面梳理，如何做一名合格共产党员，由此试图诠释做一名合格共产党员的时代风标和路径导向。同时，经反复推敲和权衡，引用习近平总书记在 2012 年 11 月 15 日率中央新任常委会见中外媒体记者郑重强调的"打铁还需自身硬"，作为本书书名。为了匡正全书基调，曾峻撰写了前言。第一部分由朱亮高、上海市委党校杨俊教授撰写，第二部分由上海市委党校周建勇副教授、中国浦东干部学院李鹏博士撰写，第三部分、第四部分别由上海市委党校刘泾副教授、袁峰副教授撰写，第五部分由李鹏博士撰写，第六部分由市委党校第三分校刘菲菲撰写。最后，由曾峻、朱亮高统稿。

特别需要提及和感谢的是，在书稿即将成型时，作者们共同期盼，最好邀请中央党校常务副校长何毅亭同志为本书作一序言。令著作者大喜过望的是，这一建议一提出，即刻得到何毅亭同志的欣然应允和热情策励。

随着全党"两学一做"学习教育深入展开，特别是紧随党的最新理论的创新发展，在又一次增印过程中，应一些专家们的建议意见，适量补充调整有关内容，以期与读者们一起分享学习认识习近平总书记系列讲话等最新理论成果，更深切地感悟做一名合格共产党员的时代要求。限于我们的学习和研究水平，书本里难免会有不周之处，敬请广大读者批评指正。我们一并表达由衷的谢意！

作者

2016 年 12 月

图书在版编目(CIP)数据

打铁还需自身硬:今天如何做一名共产党员/曾峻
等著.—上海:上海人民出版社,2016
ISBN 978-7-208-13855-1

Ⅰ.①打… Ⅱ.①曾… Ⅲ.①中国共产党-党员-学
习参考资料 Ⅳ.①D261.42

中国版本图书馆 CIP 数据核字(2016)第 125962 号

责任编辑 吕桂萍
封面设计 零创意文化

打铁还需自身硬
——今天如何做一名共产党员
曾　峻　朱亮高　等　著

出　　版　上海人民出版社
　　　　　（200001　上海福建中路 193 号）
发　　行　上海人民出版社发行中心
印　　刷　常熟市新骅印刷有限公司
开　　本　890×1240　1/32
印　　张　6.75
插　　页　2
字　　数　105,000
版　　次　2016 年 6 月第 1 版
印　　次　2021 年 5 月第 9 次印刷
ISBN 978-7-208-13855-1/D·2880
定　　价　28.00 元